駿台受験シリーズ

短期攻略 大学入学共通テスト 英語リスニング

改訂版

問題編

音声ダウンロード対応

【問題編】もくじ

付属音声の使い方 ……………………………………2
リスニングに対する心がまえ ……………………………5
音の結合と変化のルール …………………………………5
アメリカ英語とイギリス英語の発音の違い …………9
共通テストの音の連結と変化の実例 ………………10

第1回　実戦問題 ……………………………………11
第2回　実戦問題 ……………………………………33
第3回　実戦問題 ……………………………………55
第4回　実戦問題 ……………………………………77

◆【問題編】の構成について◆

各問題に付けられた難易度表示で，自分の学力の到達度を判断することができます。問題の難易度は次のように表示してあります。

★　……比較的易しい問題［CEFR A1 程度］
★★　……標準的な問題　［CEFR A2 程度］
★★★　……やや難しい問題　［CEFR B1 ～］

付属音声の使い方

●音声ダウンロードについて

1　下記アドレスまたは二次元コードより駿台文庫ダウンロードシステムへアクセスし，**認証コードを入力して「サービスを開始する」ボタンを押してください。**

https://www2.sundai.ac.jp/yobi/sc/dllogin.html?bshcd=B3&loginFlg=2

※駿台文庫サイト内の当書籍のページにもリンクがあります。

認証コード：B3－96123808

2　ダウンロードしたい**コンテンツの選択ボタンにチェックを入れ，「ダウンロードを実行」ボタンを押してください。**ファイルを１つずつダウンロードしたい場合は，コンテンツを選択してから「ファイル単位選択･ダウンロード画面へ」ボタンを押してください。

※ダウンロードを実行した場合，以下のzipファイル名で保存されます。

第１回～第４回実戦問題・付録　各通し音声	TK61350_B3.zip
第１回実戦問題　設問別音声	TK61351_B3.zip
第２回実戦問題　設問別音声	TK61352_B3.zip
第３回実戦問題　設問別音声	TK61353_B3.zip
第４回実戦問題　設問別音声	TK61354_B3.zip
付録　項目別音声	TK61355_B3.zip

※ファイル単位選択･ダウンロードを実行した場合，以下のファイル名で保存されます。

【ファイル単位名称例】

01_01_tanki_listening.mp3

└ファイル番号

3　データはお持ちのデバイスや音楽ソフトに取り込んでご利用ください。使用方法は，「コンテンツのダウンロード」ページの**「ダウンロードした音声の使い方」**からご確認ください。

- MP3形式の音声ファイルはWindows Media PlayerやiTunesなどのソフトで再生することができます。モバイル端末でのご利用は，PCでダウンロードしていただいたうえでiTunes等で取り込んでいただくと便利です。
- zip圧縮形式ファイルには解凍ソフトが必要です。スマートフォンからダウンロードした場合は，ファイル管理機能の付いた解凍アプリ（一例：「ファイルマネージャー」(Android)，「Documents」(iOS) 等）をご利用ください。
- モバイル端末でダウンロードする際の通信料は利用者負担となります。Wi-Fi環境下でのご利用を推奨します。
- 音声データはご購入者様の特典です。本書籍を購入されていない方へ認証コードを共有することは禁止しています。
- 本サービスは，著作権等の理由により，予告なく変更・中断・終了する場合があります。

●音声ファイル番号一覧

短期攻略リスニング _ 通し

内　容		番号
第１回〜第４回 実戦問題・付録 各通し音声	第１回実戦問題	01_all
	第２回実戦問題	02_all
	第３回実戦問題	03_all
	第４回実戦問題	04_all
	付録	05_all

短期攻略英語リスニング _ 改訂版 01

内　容		番号
第１回 実戦問題 設問別音声	第１問 A	01-01 〜 06
	第１問 B	01-07 〜 10
	第２問	01-11 〜 15
	第３問	01-16 〜 22
	第４問 A	01-23 〜 26
	第４問 B	01-27 〜 28
	第５問	01-29 〜 31
	第６問 A	01-32 〜 33
	第６問 B	01-34 〜 35

短期攻略英語リスニング _ 改訂版 02

内　容		番号
第２回 実戦問題 設問別音声	第１問 A	02-01 〜 06
	第１問 B	02-07 〜 10
	第２問	02-11 〜 15
	第３問	02-16 〜 22
	第４問 A	02-23 〜 26
	第４問 B	02-27 〜 28
	第５問	02-29 〜 31
	第６問 A	02-32 〜 33
	第６問 B	02-34 〜 35

短期攻略英語リスニング _ 改訂版 03

内　容		番号
第３回 実戦問題 設問別音声	第１問 A	03-01 ～ 06
	第１問 B	03-07 ～ 10
	第２問	03-11 ～ 15
	第３問	03-16 ～ 22
	第４問 A	03-23 ～ 26
	第４問 B	03-27 ～ 28
	第５問	03-29 ～ 31
	第６問 A	03-32 ～ 33
	第６問 B	03-34 ～ 35

短期攻略英語リスニング _ 改訂版 04

内　容		番号
第４回 実戦問題 設問別音声	第１問 A	04-01 ～ 06
	第１問 B	04-07 ～ 10
	第２問	04-11 ～ 15
	第３問	04-16 ～ 22
	第４問 A	04-23 ～ 26
	第４問 B	04-27 ～ 28
	第５問	04-29 ～ 31
	第６問 A	04-32 ～ 33
	第６問 B	04-34 ～ 35

短期攻略英語リスニング _ 改訂版 05

内　容	番号
音の結合と変化のルール	05-01 ～ 07
アメリカ英語とイギリス英語の発音の違い	05-08
共通テストの音の連結と変化の実例	05-09

リスニングに対する心がまえ

★**共通テスト直前の時期には耳慣らしをしよう。**リスニング能力は英語を聴かないでいると急速におとろえる。試験の１～２週間前は，毎日 10 分程度でもいいので，本書や過去問題の音声などをくり返し聴いて英語に耳を慣らしておこう。

★**聞きのがした問題のことはすぐ忘れて次の問題に集中しよう。**わからなかった問題にこだわって次のやさしい問題まで聞きのがさないようにしよう。

★早合点に注意。リスニングのテストでは，最初に言われた内容があとの発言で取り消されたり修正されたりするというパターンが多い。**答えがわかったと思っても最後までしっかり聴こう。**

★対話問題では，**対話の状況**―どんな人たちがどこで何をしているのか―**を考えながら聴こう。**

★**効率よくメモをとろう。**数字や重要と思われる語句は即座にメモしよう。単語は最初の１字か２字を書いておくだけでも内容を思い出すのにけっこう役に立つ。

音の結合と変化のルール

英語の音は，**その前後に来る音**やアクセントの有無などによって大きく変化する。その結果，知っているはずの単語でも，日本人が予期する音とはかなりちがってしまい，知っている語句を聞き取れなかったり他の語とまちがえたりする。これをふせぐには，自然な英語の発音が日本人にとって実際にはどんなふうに聞こえるかをあらかじめ知っておくとよいが，このような音の変化は辞書の発音記号ではわからないものが多い。ここではその聞こえ方を感覚的につかんでもらうため，あえてカタカナで表してみた。共通テストの英語ははっきりした発音が多いので，ここで説明する現象がいつも起きるわけではないが，知っておく意味はあるだろう。

1 アクセントがない母音はあいまいで聞こえにくい。 05 - 01

★英語の母音はアクセントがないと弱くあいまいになる。あいまい音には [ə]（弱い「ウ」のような音）と [ɪ]（「イ」と「エ」の中間のような音）のふたつがある。弱い母音はまったく聞こえないこともある。

about [(ə)báut]　：最初の a が弱いので「バウト」のように聞こえる。歌詞などでも ’bout と書かれることがある。

below [b(ɪ)lóu]　：「ビロウ」ではなく「ブロウ」と聞こえることがあり，blow と区別しにくい。

because [bɪkɔ́ːz / bəkɔ́ːz]:「ブコーズ」(さらには「カズ」)のように聞こえることがある。

❷ 語尾の子音(特に破裂音 p, b, t, d など)ははっきり聞こえないことが多い。 05 - 02

★「ワイシャツ」のもとは white shirt。white の語尾の [t] が聞こえなかったため [ワイ] になってしまった。子音が聞こえにくい代わりに,最後の母音が突然止まるように聞こえる(日本語の「ッ」で終わる感じ)。

great [gréit] 「グレイッ」　　cup [kʌ́p] 「カーッ」
put [pút] 「プーッ」　　book [búk] 「ブーッ」

❸ 子音が2つ続くとどちらか一方が聞こえにくい。 05 - 03

★聞こえなくなった子音のところは「ッ」がはいっている(=音がない瞬間がある)ように聞こえることがある。

前の子音が消える例

next time 「ネクスッタイム」　　look good 「ルッグーッ」

後の子音が消える例

about her 「アバウラ/アバウタ」　　did he 「ディディ」

* him や her などの [h] は弱いことが多い。[h] が消えた結果,[t],[d] が [h] のあとの母音とつながっている。「アバウラ」に聞こえる理由は→ルール❺。

❹ 子音のあとに母音が来るとつながって発音される。 05 - 04

an exam 「アニグザーム」　　speak about 「スピーカバウト」
come in 「カミン」

★語尾の [r] は次に母音が来るとはっきりと発音される。your や for の最後の [r] は,単独で発音されるときは弱いが,次のような場合はかなりはっきりと聞こえる。

in your eyes 「イニュアライズ」　　for about a month 「ファラバウタマンス」

5 [t] は母音にはさまれると「ラ行の子音」のように聞こえることがある。

05 - 05

★「チェキラ」は Check it out. を，「シャラップ」は shut up をカタカナにしたもの。このように [t] は母音にはさまれると日本語のラ行の子音（ラリルレロの最初の音）または [d] に聞こえることがある。この現象は単語の内部でも，単語と単語の間でも起きる。

butter 「バラ」　writer 「ライラ」(rider と区別しづらい)
get it 「ゲリッ」　get up 「ゲラッ」
not enough「ナリナフ」　not **at al**l「ナラロール」

★この現象は t のあとの母音にアクセントがあるときは起きにくい。このことは -ty と -teen の区別に役立つことがある。

thir**ty** 「サーリ」　for**ty** 「フォーリ」
これらの -ty は「リ」と聞こえることがある。
thir**tee**n 「サーティーン」　four**tee**n 「フォーティーン」
-teen の [t] はつねに鋭く「**ティーン**」。
＊ラ行の子音は舌先が上の前歯の歯茎に一瞬当たって発する。[r] でも [l] でもない音。

6 子音が２つ続くと一方の音質が変わったり，合わさって新しい音になることがある。

05 - 06

★ [n] のあとの [t] は [n] と**同化**し，消えてしまったように聞こえることがある。

i**nt**ernational 「インナナシュナル」　i**nt**eresting 「インナレスティン」
the I**nt**ernet 「インナネッ」　twe**nt**y 「トゥエニ」
I wa**nt to** go. → I wa**nna** go. 「ワナ」
I'm go**ing to** leave. → I'm go**nna** leave. 「ガナ」

★ a**nd th**at は「アンナッ」のように聞こえる。and の [d] は弱いので and の [n] に that の [ð] が同化しやすい（ただし that は文頭でも「ナッ」のように聞こえることがある）。

He's kind, an**d th**at's why I like him.

★次の発音にも注意。[d] があとの [t] と一体化している。

use**d to** [júːstə] 「ユー**スタ**」
suppos**ed to** [səpóustə] 「サポウ**スタ**」 [zd] があとの [t] に同化して [st] と無声音（声帯の振動がない音）になる。

★その他の例

did you［dídʒu］「ディジュー」　　get you［gétʃu］「ゲッチュー」

has to「ハスタ」　　little「リルー」

7 can と can't は母音の質と長さに注意。　05 - 07

★英語に慣れていない人は，can は「キャン」で can't は「キャント」，つまり［t］の音の有無で区別できると思っているかもしれない。ところが実際には **can't の t はほとんど聞こえないことが多い**。むしろ**母音のちがいに注意するほうが区別しやすい**。can の母音はあいまいで短く，can't の母音は**はっきりして長め**で，また尻下がりになることがよくある。次のような感じに聞こえる。

can［kən / kn］	「カン／クン」
can't［kǽnt / kɑ́ːnt］	「キャーン(ト)／《英》カーン(ト)」
You **can** take it home.	「カン」
You **can't** take it home.	「キャーン(ト)」

＊ただし，Yes, I **can**. のように can のあとに動詞がないときは can もはっきり「キャン」と発音される。

アメリカ英語とイギリス英語の発音の違い

05 - 08

共通テストではイギリス英語も使用することが公表されている。イギリス英語は語彙や文法でもアメリカ英語と違うことがいくつかあるが，ここではおもな発音の違いについて見てみよう。

① 語尾の r の発音

語尾に母音 +r が来るとき，アメリカ英語では［r］をはっきり発音するが，**イギリス英語では［r］を発音しない**。イギリス発音の car は「カー」，door は「ドー」に近い。

アメリカ c**ar**［kɑːr］ b**ir**d［bəːrd］ h**ere**［hiər］ d**oor**［dɔːr］
イギリス c**ar**［kɑː］ b**ir**d［bəːd］ h**ere**［hiə］ d**oor**［dɔː］

＊［əːr］は［ə］と［r］が同時に発音された音。舌を盛り上げながら［əː］と発音する。［ər / ɚː］と表記することもある。

② 母音にはさまれた t

母音にはさまれた t は，アメリカ英語ではラ行の子音のように変化することが多いが，**イギリス英語では鋭い［t］で発音**されることが多い。（**→音の変化のルール❺**）

アメリカ wa**ter**「ワラ」 le**tter**「レラ」 par**ty**「パーリ」
イギリス wa**ter**「ウォータ」 le**tter**「レタ」 par**ty**「パーティ」

③ 同じ語でも違う母音を使うことがある

アメリカ h**o**t［hɑ(ː)t］ p**o**t［pɑ(ː)t］ d**o**g［dɑːg］，［dɔːg］
［ɑ］は**口をたてに大きく開いて**発音される。「ア」に近く聞こえる。

イギリス h**o**t［hɔt］ p**o**t［pɔt］ d**o**g［dɔg］
［ɔ］は**口を丸く開いて**発音される。「オ」に聞こえる。最近は［ɒ］と表記することが多い。

アメリカ w**orr**y［wə́ːri］ word や world と同じ発音。
イギリス w**orr**y［wʌ́ːri］ 日本語の「ア」に近い。

アメリカ tom**a**to［təméitou］
イギリス tom**a**to［təmɑ́ːtou］

アメリカ I **can't** go.［kǽnt］「キャント」に聞こえる。
イギリス I **can't** go.［kɑ́ːnt］「カーント」に聞こえる。

共通テストの音の連結と変化の実例

05 - 09

実際に試行テスト（2018）で読まれた英文の中に出現した音の連結や変化を聴いてみよう。

例１▶ **Some more** tea would be nice.（第１問Ａ　問１）

・some の最後の［m］と more の［m］が続いてつながり「サモア」と聞こえる。

▶ I have a **lot of** work to do.（第１問Ａ　問２）

・lot of がつながり，また［f］が弱いので，「ロラ」のように聞こえる。→ルール❺

例２▶ He **got a** phone call from Joe as soon as he **arrived home** from the library.（第１問Ｂ　問１）

・go**t a** がつながって「ガラ」のように聞こえる。→ルール❺

・arrive**d ho**me の［h］が弱いので「アライヴドウム」に近く聞こえる。

例３▶ I thin**k th**e other corner woul**d b**e better.（第２問　問１）

・think の［k］と the［ð］がぶつかって［k］が弱まり「シンジ」のように聞こえる。→ルール❸

・would be の［d］と［b］がぶつかって［d］が弱まり「ウッビ」のように聞こえる。→ルール❸

例４▶ Would you rather ha**ve p**izza or pasta for dinner?（第３問　問１）

・ha**ve p**izza の［v］と［p］がぶつかって［v］が消え「ハッピーツァ」のように聞こえる。→ルール❸

例５▶ Because it was 50**% o**ff.（第３問　問３）

・% (perce**nt) of** の t が前の n に同化し，それがあとの of につながって「パーセンノフ」のように聞こえる。→ルール❻

例６▶ My grandmother tried to ca**tch her**,（第４問Ａ　問１）

・her の［h］が弱く，catch とつながって「キャッチャー」のように聞こえる。→ルール❸

例７▶ and the commo**n a**rea is huge,（第４問Ｂ　問 1-2）

・common の［n］と area の最初の［e］がつながり「コモネアリア」と聞こえる。→ルール❹

例８▶ seven million jobs will be lost by **2020**.（第５問）

・20 (twe**nt**y) の［t］が［n］に同化し「トゥエニトゥエニ」と聞こえる。→ルール❻

例９▶ You spoke about how one boy improved his focus a**nd a**ttention through video games.（第６問Ｂ）

・and の［d］が弱いのでその前の［n］と attention の最初の［a］がつながり「アナテンション」と聞こえる。→ルール❹

第１回　実戦問題

外　国　語〔英　語(リスニング)〕

(100点 30分)

注　意　事　項

1　解答用紙に，正しく記入・マークされていない場合は，採点できないことがあります。

2　問題冊子の異常で**解答に支障がある場合**は，ためらわずに**黙って手を高く挙げなさい**。監督者が筆談用の用紙を渡しますので，トラブルの内容を記入しなさい。試験が終わってから申し出ることはできません。

3　この試験では，**聞き取る英語の音声を２回流す問題と，１回流す問題があります**。流す回数は下の表のとおりです。また，流す回数は，各問題の指示文にも書かれています。

問題	第１問	第２問	第３問	第４問	第５問	第６問
流す回数	２回	２回	**１回**	**１回**	**１回**	**１回**

4　問題音声には，**問題文を読むため，または解答をするために音の流れない時間があります**。

5　解答は，**設問ごとに解答用紙にマークしなさい**。問題冊子に記入しておいて，途中や最後に**まとめて解答用紙に転記してはいけません（まとめて転記する時間は用意されていません。）**。

6　解答用紙の汚れに気付いた場合は，そのまま解答を続け，解答終了後，監督者に知らせなさい。解答時間中に解答用紙の交換は行いません。

7　解答時間中は，試験問題に関する質問は一切受け付けません。

8　試験終了後，問題冊子は持ち帰りなさい。

英　　語(リスニング)

(解答番号 [1] ～ [37])

第1問 (配点 25) 音声は2回流れます。 01 - 01 ～ 10

第1問はAとBの二つの部分に分かれています。

A ★ 第1問Aは問1から問4までの4問です。英語を聞き，それぞれの内容と最もよく合っているものを，四つの選択肢（①～④）のうちから一つずつ選びなさい。

問1 [1]

① The speaker has already found the hospital.
② The speaker is asking for help in finding the hospital.
③ The speaker is looking for the hospital.
④ The speaker is offering help in finding the hospital.

問2 [2]

① The speaker is apologizing to her for what he did.
② The speaker is asking her for information about the situation.
③ The speaker is thanking her for explaining the problem.
④ The speaker is trying to tell her about what is happening.

問３ [3]

① I found my missing cell phone on the weekend.
② I lost my cell phone on the weekend.
③ I really missed the cell phone all weekend.
④ It was a good weekend because I found my lost cell phone.

問４ [4]

① The speaker is asking someone to show him a map.
② The speaker is asking someone where he can get a map.
③ The speaker is lost and asking someone for directions.
④ The speaker is trying to help someone find his way.

これで第１問Ａは終わりです。

B ★★ **第1問B**は**問5**から**問7**までの3問です。英語を聞き，それぞれの内容と最もよく合っている絵を，四つの選択肢（①～④）のうちから一つずつ選びなさい。

問5 5

①

②

③

④

問６ 6

①

②

③

④

問7 [7]

①

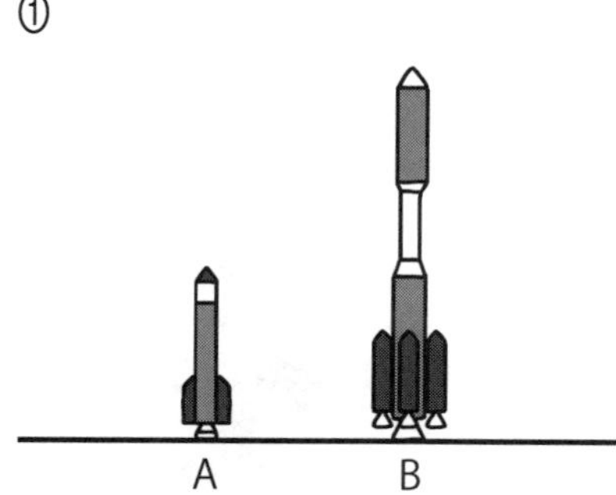

②

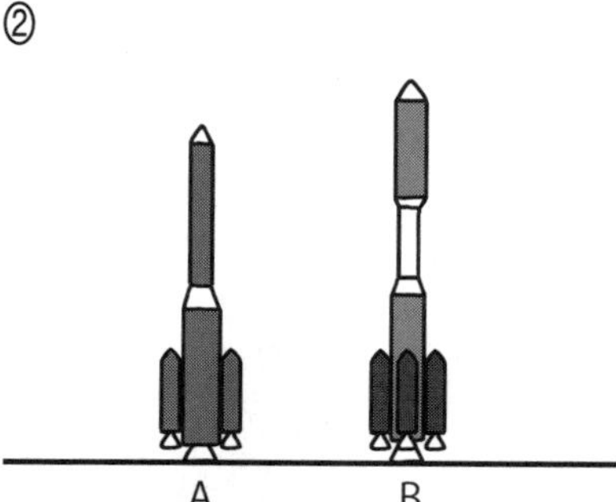

③

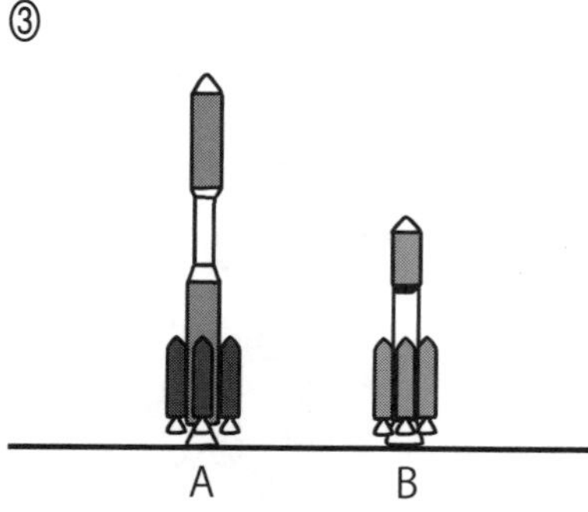

④

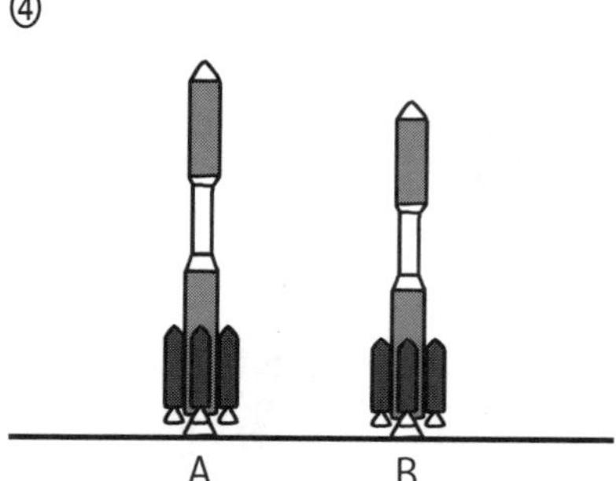

これで第1問Bは終わりです。

第2問★（配点　16）　音声は2回流れます。　01 - 11 ～ 15

第2問は**問8**から**問11**までの4問です。それぞれの問いについて，対話の場面が日本語で書かれています。対話とそれについての問いを聞き，その答えとして最も適切なものを，四つの選択肢（①～④）のうちから一つずつ選びなさい。

問8　学生がある島の自然について教師の質問に答えています。 8

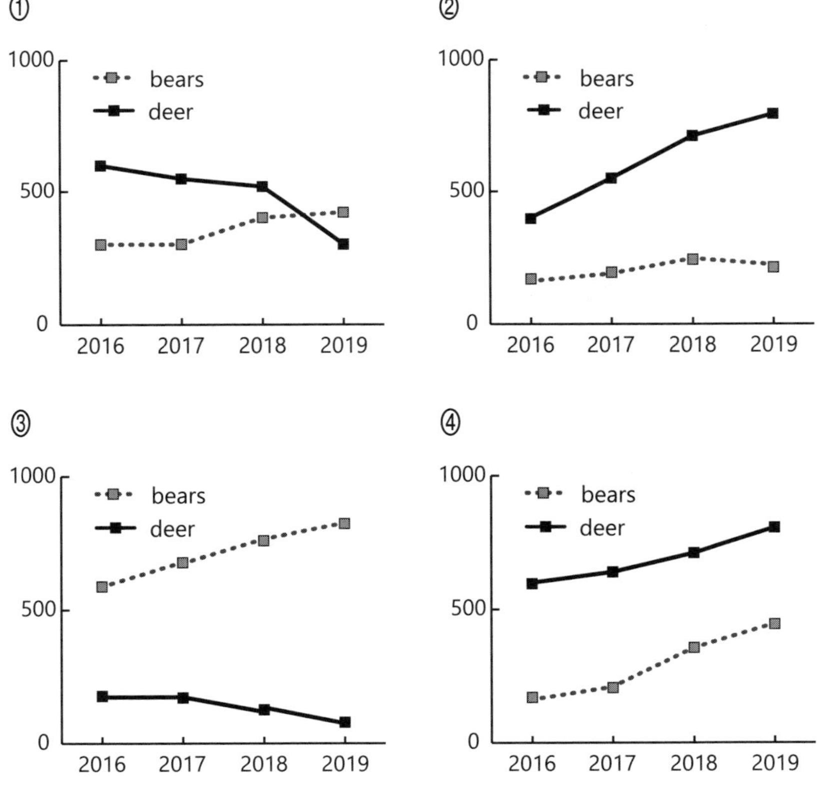

問 9 歴史博物館で古代の出土品について話をしています。 9

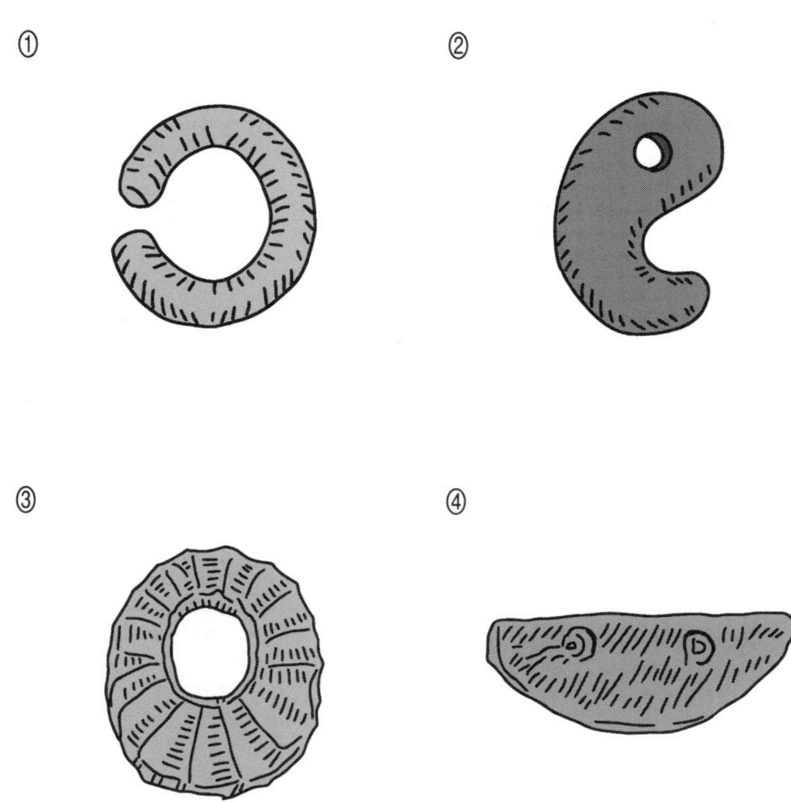

問 10　病院で話をしています。 10

問 11　道順について話をしています。 11

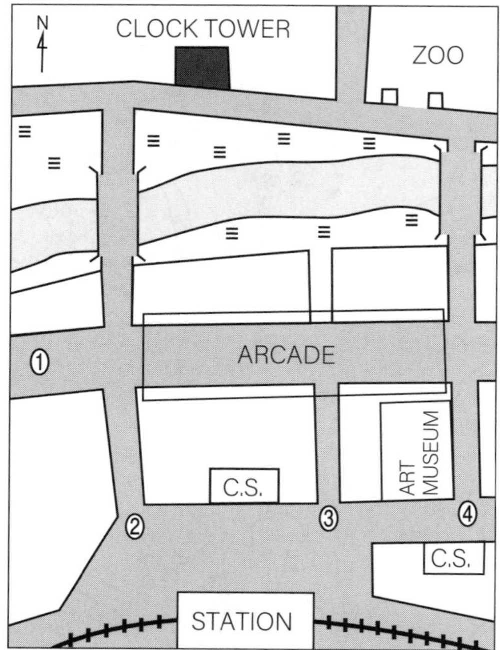

C.S.：Convenience Store

これで第２問は終わりです。

第３問★★ (配点　18)　音声は１回流れます。　01 - 16～22

第３問は問 12 から問 17 までの６問です。それぞれの問いについて，対話の場面が日本語で書かれています。対話を聞き，問いの答えとして最も適切なものを，四つの選択肢（①～④）のうちから一つずつ選びなさい。（問いの英文は書かれています。）

問 12　男性が女性に助けを求めています。

Where are they talking?　12

① In a hotel.
② In a plane.
③ In a restaurant.
④ In a theater.

問 13　女性が息子にたずねています。

What is making the woman angry?　13

① Her son doesn't put things back in the right place.
② Her son keeps losing things.
③ Her son used her scissors and didn't put them back where they had been.
④ She needs her scissors but can't find them.

問 14　男性と女性が美術館に行こうと話しています。

How much will it cost for both of them to enter the Museum of Modern Art?　14

① Eighteen dollars
② Twenty dollars
③ Twenty-two dollars
④ Twenty-four dollars

問 15 男性と女性がテレビで何を見るかを話しています。

What is the man likely to do? [15]

① Give up watching the concert.
② Record the drama.
③ Watch the concert.
④ Watch the drama with the woman.

問 16 旅行からもどった学生が，友人と話をしています。

What made this boy give up on climbing the mountain? [16]

① Bad weather
② Failure of cable car
③ Illness
④ Injury

問 17 留学生がクラスメイトと話をしています。

Which country does this boy come from? [17]

① Australia
② Brazil
③ Canada
④ Portugal

これで第３問は終わりです。

第4問（配点　12）音声は1回流れます。　01 - 23 ～ 28

第4問はAとBの二つの部分に分かれています。

A ★★ 第4問Aは問18から問25の8問です。話を聞き，それぞれの問いの答えとして最も適切なものを，選択肢から選びなさい。**問題文と図表を読む時間が与えられた後，音声が流れます。**

問18～21　あなたはIT企業にインターンシップに行き，新着動画の再生動向について報告資料のグラフを完成させようとしています。説明を聞き，四つの空欄 18 ～ 21 に入れるのに最も適切なものを，四つの選択肢（①～④）のうちから一つずつ選びなさい。

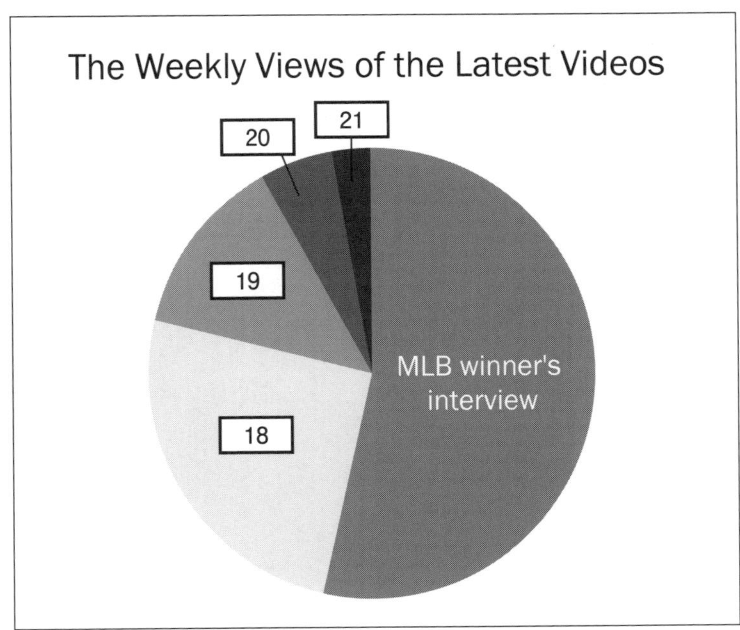

① Funny moments with animals
② Live show by a new comedian
③ Morning routines of an actress
④ Speech at the Earth Summit

問 22～25　ある洋菓子店で来週，セールが行われます。店長の説明を聞き，下の表の四つの空欄 22 ～ 25 に入れるのに最も適切なものを，五つの選択肢（①～⑤）のうちから一つずつ選びなさい。選択肢は２回以上使ってもかまいません。

Item		Price	
Cream Puff	Now	22	/piece
	Next Week	23	/4 pieces
Cheesecake	Now	$5.00	/piece
	Next Week	24	/piece
Chocolate Cake	Now	$6.00	/piece
	Next Week	25	/piece

① $2.00　② $4.00　③ $5.00　④ $6.00　⑤ $7.00

これで第４問 A は終わりです。

B ★★ **第4問Bは問26** の1問です。話を聞き，示された条件に最も合うものを，四つの選択肢（①～④）のうちから一つ選びなさい。下の表を参考にしてメモを取ってもかまいません。**状況と条件を読む時間が与えられた後，音声が流れます。**

状況

あなたはあるリゾートアイランドに行き，そこで参加するツアーを一つ決めるために，実際に最近ツアーに参加した四人の説明を聞いています。

あなたが考えている条件

A．きれいな景色が見られること

B．夕方5時までに終了すること

C．料金は50ドル以内であること

	Condition A	Condition B	Condition C
① Tour #1			
② Tour #2			
③ Tour #3			
④ Tour #4			

問26 [26] is the tour you are most likely to choose.

① Tour #1
② Tour #2
③ Tour #3
④ Tour #4

これで第4問Bは終わりです。

第5問★★★（配点　15） 音声は１回流れます。　01 - 29 ～ 31

第5問は**問27**から**問33**の７問です。

最初に講義を聞き，**問27**から**問32**に答えなさい。次に続きを聞き，**問33**に答えなさい。**状況・ワークシート，問い及び図表を読む時間が与えられた後，音声が流れます。**

状況

あなたはアメリカの大学で，風力発電について，ワークシートにメモを取りながら，講義を聞いています。

ワークシート

○ The importance of wind power generation – steadily growing

In Denmark, [27] of electricity came from wind power in 2017

○ Advantages of wind power generation

	thing needed	thing emitted	efficiency
Wind power generation	wind	[28]	[30]
Thermal power generation	fossil fuel	[29]	30 ～ 40%
Hydro power generation	water	nothing harmful	[31]

問 27　ワークシートの空欄 [27] に入れるのに最も適切なものを，四つの選択肢（①～④）のうちから一つ選びなさい。

① about five percent
② about a quarter
③ nearly half
④ more than half

問 28～31　ワークシートの空欄 [28] ～ [31] に入れるのに最も適切なものを，六つの選択肢（①～⑥）のうちから一つずつ選びなさい。選択肢は 2 回以上使ってもかまいません。

① CO_2	② nothing harmful	③ renewable energy
④ 20 ～ 40%	⑤ more than 40%	⑥ 80%

問 32　講義の内容と一致するものはどれか。最も適切なものを，四つの選択肢（①～④）のうちから一つ選びなさい。 [32]

① In wind power generation, a little fossil fuel is burnt.
② Practically speaking, there are no disadvantages in wind power generation.
③ The importance of thermal power generation is constantly growing.
④ The largest wind power company in the world is based in Denmark.

第 5 問はさらに続きます。

問 33 講義の続きを聞き，**下の図から読み取れる情報と講義全体の内容から**どのようなことが言えるか，最も適切なものを，四つの選択肢（①～④）のうちから一つ選びなさい。 33

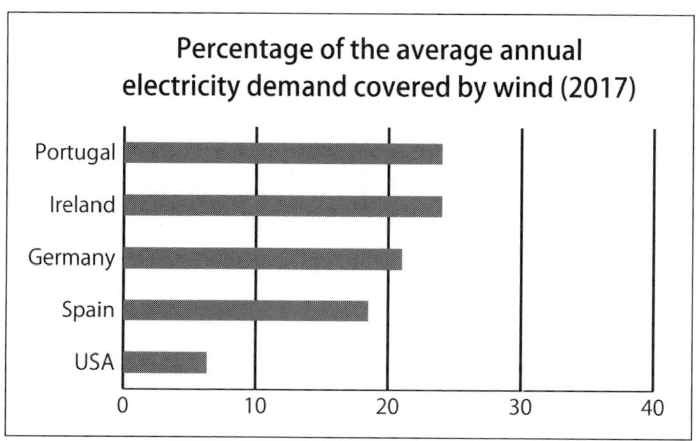

① America's wind power generation industry has good potential to grow.

② Finding appropriate land for building wind power plants in the U.S. is more difficult than in Europe.

③ The share of wind power generation in Denmark will go down in the future.

④ The U.S. will never catch up with European countries in wind power generation.

これで第５問は終わりです。

第６問（配点　14）音声は１回流れます。　01 - 32 ～ 35

第６問はＡとＢの二つの部分に分かれています。

A ★★ 第６問Ａは問 34・問 35 の２問です。二人の対話を聞き，それぞれの問いの答えとして最も適切なものを，四つの選択肢（①～④）のうちから一つずつ選びなさい。（問いの英文は書かれています。）**状況と問いを読む時間が与えられた後，音声が流れます。**

> 状況
> 二人の大学生（Meg，Ted）が，絶滅した鳥について話をしています。

問 34　**What is Meg's main point?**　[34]

① Reviving extinct birds is a good idea.
② Reviving extinct birds is extremely difficult.
③ Reviving extinct birds will improve economic growth.
④ Reviving extinct birds will not change the environment.

問 35　**What is Ted's main point?**　[35]

① Alien species might disturb the life of revived birds.
② It might not be practical to revive extinct birds.
③ Protecting living species is similar to reviving extinct species.
④ Revived birds might be harmful to the environment.

これで第６問Ａは終わりです。

B ★★★ **第 6 問 B は問 36・問 37** の 2 問です。会話を聞き，それぞれの問いの答えとして最も適切なものを，選択肢のうちから一つずつ選びなさい。下の表を参考にしてメモを取ってもかまいません。**状況と問いを読む時間が与えられた後，音声が流れます。**

状況

四人の学生（Moe, Nick, Emma, Jacob）が，動物園について話をしています。

Moe	
Nick	
Emma	
Jacob	

問 36　会話が終わった時点で，動物園に対して**否定的な人**は四人のうち何人でしたか。四つの選択肢（①～④）のうちから一つ選びなさい。 36

① 1 人
② 2 人
③ 3 人
④ 4 人

問 37　会話を踏まえて，Jacob の意見を最もよく表している図表を，四つの選択肢（①～④）のうちから一つ選びなさい。 37

①

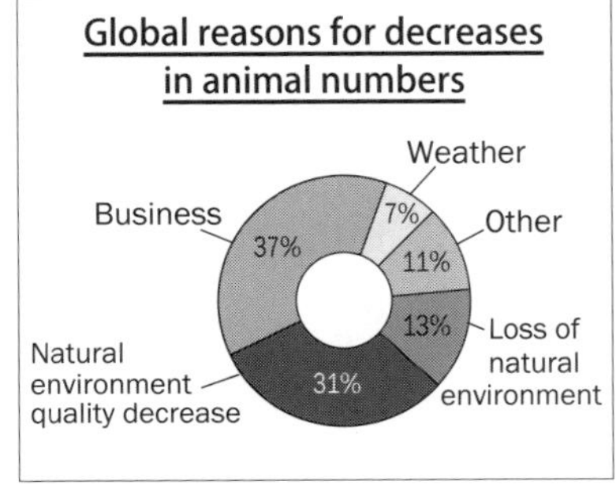

②

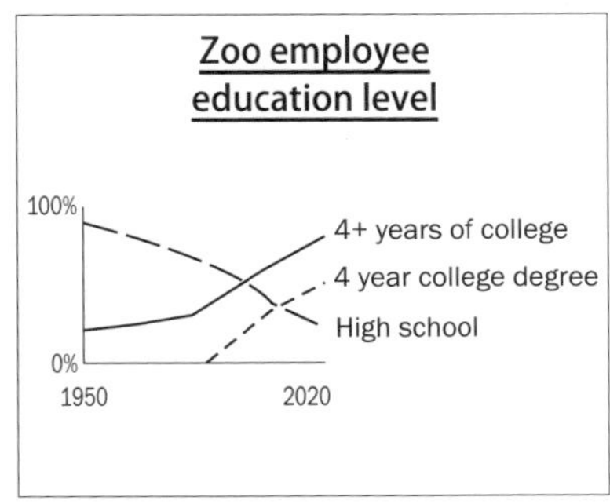

③

Animals hunted in Africa each year

	Lion	Leopard	Elephant	Buffalo	Crocodile
Tanzania	**250**	**300**	**35**	**2,000**	**170**
Botswana	**130**	**32**	**270**	**160**	**50**
South Africa	**190**	**45**	**31**	**179**	**24**
Zimbabwe	**89**	**303**	**243**	**853**	**69**

④

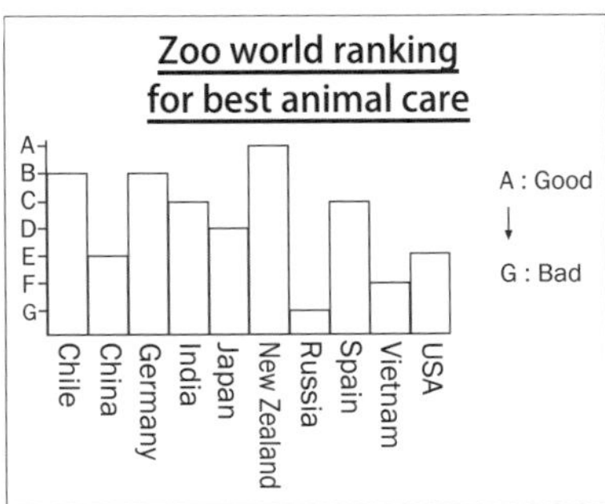

これで第６問 B は終わりです。

第2回　実戦問題

外　国　語　〔英　語(リスニング)〕

(100点
30分)

注　意　事　項

1　解答用紙に，正しく記入・マークされていない場合は，採点できないことがあります。

2　問題冊子の異常で**解答に支障がある場合**は，ためらわずに**黙って手を高く挙げなさい**。監督者が筆談用の用紙を渡しますので，トラブルの内容を記入しなさい。試験が終わってから申し出ることはできません。

3　この試験では，**聞き取る英語の音声を２回流す問題と，１回流す問題があります**。流す回数は下の表のとおりです。また，流す回数は，各問題の指示文にも書かれています。

問題	第1問	第2問	第3問	第4問	第5問	第6問
流す回数	2回	2回	**1回**	**1回**	**1回**	**1回**

4　問題音声には，**問題文を読むため，または解答をするために音の流れない時間があります**。

5　解答は，**設問ごとに解答用紙にマークしなさい**。問題冊子に記入しておいて，途中や最後に**まとめて解答用紙に転記してはいけません（まとめて転記する時間は用意されていません。）**。

6　解答用紙の汚れに気付いた場合は，そのまま解答を続け，解答終了後，監督者に知らせなさい。解答時間中に解答用紙の交換は行いません。

7　解答時間中は，試験問題に関する質問は一切受け付けません。

8　試験終了後，問題冊子は持ち帰りなさい。

英　　語（リスニング）

（解答番号 [1] ～ [37]）

第１問（配点　25）音声は２回流れます。

🔊 02 - 01 ～ 10

第１問は A と B の二つの部分に分かれています。

A ★ 第１問 A は問１から問４までの４問です。英語を聞き，それぞれの内容と最もよく合っているものを，四つの選択肢（①～④）のうちから一つずつ選びなさい。

問１ [1]

① It was a mistake to lend your car to your friend.
② It wasn't nice of you not to let your friend use your car.
③ You didn't need to rent your car to your friend.
④ Your friend couldn't borrow a car from you.

問２ [2]

① The speaker is asking someone how he wants his eggs cooked.
② The speaker is asking someone if he likes eggs.
③ The speaker is asking someone if he wants to eat eggs.
④ The speaker is suggesting to someone that he eat more eggs.

問３ [3]

① Emma caught the train easily.
② Emma just managed to catch the train.
③ Emma missed the train by a minute.
④ Emma often missed the train.

問４ [4]

① Do I have to call you later when he is back?
② Do you want him to call you back?
③ Is it all right for you to call him again?
④ Will you tell him to call me back?

これで第１問 A は終わりです。

B ★ **第１問Ｂ**は**問５**から**問７**までの３問です。英語を聞き，それぞれの内容と最もよく合っている絵を，四つの選択肢（①～④）のうちから一つずつ選びなさい。

問５ 5

①

②

③

④

問６ 6

①

②

③

④

問７ 7

①

②

③

④

これで第１問Ｂは終わりです。

第２問★★（配点　16）　音声は２回流れます。　02 - 11 ～ 15

第２問は**問８**から**問 11** までの４問です。それぞれの問いについて，対話の場面が日本語で書かれています。対話とそれについての問いを聞き，その答えとして最も適切なものを，四つの選択肢（①～④）のうちから一つずつ選びなさい。

問８　さいふを盗んだ犯人について話をしています。 8

①

②

③

④

問９　キャビネットに物をどう置くかについて話をしています。 9

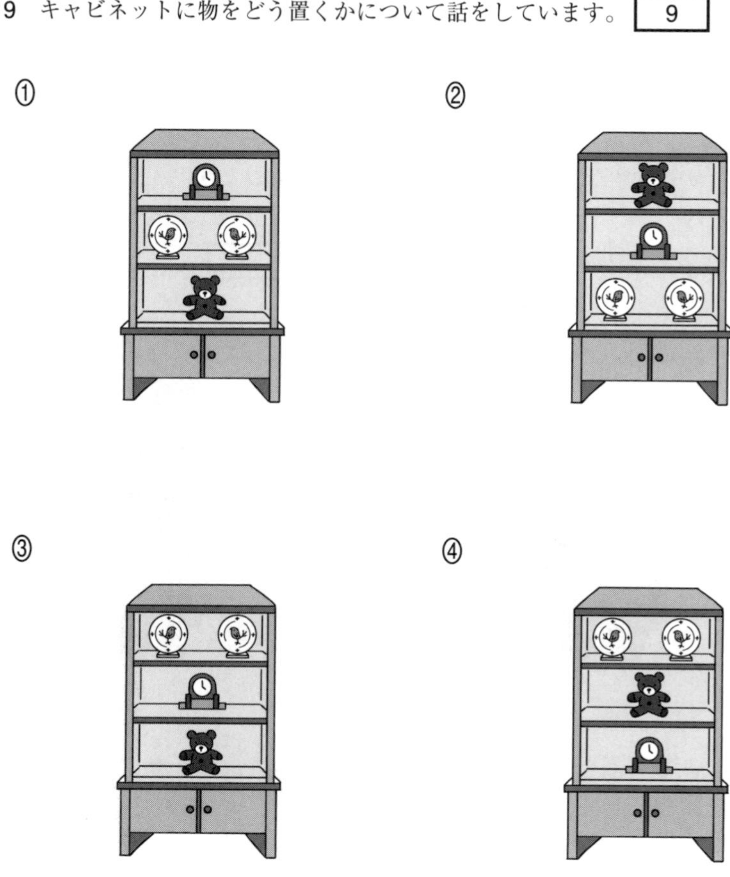

問10　電話で最近あった地震の話をしています。 10

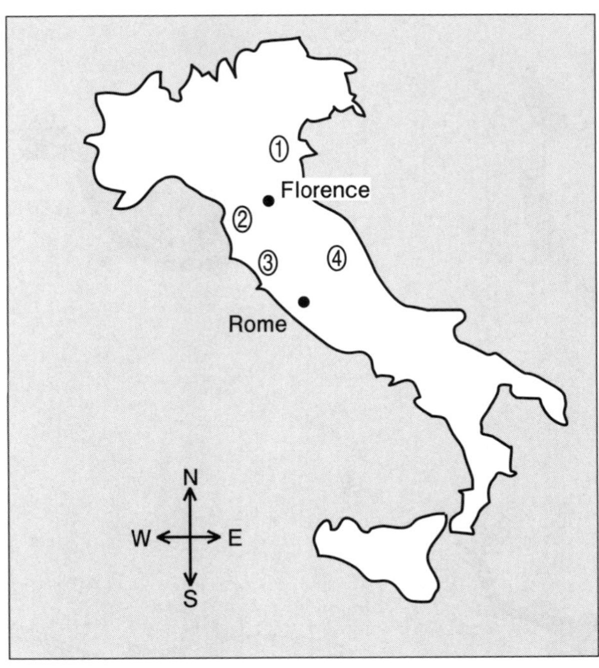

問 11　水族館で魚を見ながら話をしています。 11

これで第２問は終わりです。

第３問★★（配点　18）　音声は１回流れます。　02 - 16 ～ 22

第３問は**問 12** から**問 17** までの６問です。それぞれの問いについて，対話の場面が日本語で書かれています。対話を聞き，問いの答えとして最も適切なものを，四つの選択肢（①～④）のうちから一つずつ選びなさい。（問いの英文は書かれています。）

問 12　男性が女性と外出について話をしています。

When will the woman go out with the man?　[12]

① February 21st
② February 24th
③ March 1st
④ March 4th

問 13　男性が女性に音楽のことで話をしています。

What is the man trying to tell the woman?　[13]

① He can't hear the music well.
② He feels sleepy because of the music.
③ He likes her favorite band too.
④ The music is too loud.

問 14　女性が息子と話をしています。

What is Ken's problem?　[14]

① He isn't doing well in school.
② He isn't too sure about continuing soccer.
③ He isn't very good at soccer.
④ He thinks soccer is more important than grades.

問 15　友達同士が明日のコンサートについて話をしています。

What will the two people do? 15

① Go to bed early instead of practicing tonight.
② Practice separately tonight.
③ Practice together tonight.
④ Put off the concert so that they can practice for one more day.

問 16　男女が居間で話をしています。

What happened to the woman? 16

① She couldn't find the TV remote.
② She didn't have time to tidy up.
③ She dropped something behind the sofa.
④ She forgot to buy any tissues.

問 17　学生が図書館職員と話をしています。

What does this student need to do? 17

① Ask for an extension for the borrowed book.
② Contact the person who wants to borrow the book.
③ Return the book within 3 days.
④ Write a report by tomorrow.

これで第３問は終わりです。

第４問（配点　12）　音声は１回流れます。　02 - 23 ～ 28

第４問は A と B の二つの部分に分かれています。

A ★★ 第４問 A は問 18 から問 25 の８問です。話を聞き，それぞれの問いの答えとして最も適切なものを，選択肢から選びなさい。

問 18～21　女の子がペットの犬について話をしています。話を聞き，その内容を表したイラスト（①～④）を，聞こえてくる順番に並べなさい。

問 22～25　あなたは知人のインターネット・通販ショップで手伝いをしています。品物の通常価格（regular price）と値引き後の価格・値引き率についてデータを入力するのに必要な説明を聞き，下の表の四つの空欄 22 ～ 25 に入れるのに最も適切なものを，五つの選択肢（①～⑤）のうちから一つずつ選びなさい。選択肢は2回以上使ってもかまいません。

Item	Regular price	Discount price	Percent discounted
Dog wear	$150	$	22 %
Dog mattress (with 2 sheets)	$ 23	$80	%
Dog house (for small dog)	$100	$ 24	25 %

①　10　　②　20　　③　80　　④　90　　⑤　100

これで第4問Aは終わりです。

B ★★ **第４問Ｂ**は**問 26** の１問です。話を聞き，示された条件に最も合うものを，四つの選択肢（①～④）のうちから一つ選びなさい。下の表を参考にしてメモを取ってもかまいません。**状況と条件を読む時間が与えられた後，音声が流れます。**

状況

あなたは短期の語学留学プログラムに参加予定です。プログラムを選ぶにあたり，アドバイスを受けたいカウンセラーを一人決めるために，四人からカウンセラーについての説明を聞いています。

あなたが考えている条件

Ａ．カウンセラーとして経験豊富であること

Ｂ．オーストラリアのプログラムの知識があること

Ｃ．日本語でも内容の確認ができること

	Condition A	Condition B	Condition C
① Ms. Davis			
② Mr. Jackson			
③ Ms. Yamaguchi			
④ Mr. Spinney			

問 26 [26] is the counselor you are most likely to choose.

① Ms. Davis
② Mr. Jackson
③ Ms. Yamaguchi
④ Mr. Spinney

これで第４問Ｂは終わりです。

第5問★★★（配点　15）　音声は1回流れます。　02 - 29 ~ 31

第5問は問27から問33の7問です。

最初に講義を聞き，問27から問32に答えなさい。次に続きを聞き，問33に答えなさい。状況・ワークシート，問い及び図表を読む時間が与えられた後，音声が流れます。

状況

あなたは日本の大学で，米国からの客員教授から，日本の医療について，ワークシートにメモを取りながら，講義を聞いています。

ワークシート

One issue regarding medical care in Japan

○ Right first choice between hospitals and clinics

Current situation　[27]

○ Time to wait before seeing a doctor
(source: 2017 data by the Ministry of Health, Labor and Welfare)

	Percentage	Average waiting-time
Large hospitals	About 50%	1 hour or longer
	About [28] %	30 minutes or longer
Clinics	About 30%	Less than [29] minutes

Phone number	Subject of consultation	Available
#7119	[30]	[31]
#8000	For medical emergencies in children	Throughout Japan

問27　ワークシートの空欄 **27** に入れるのに最も適切なものを，四つの選択肢（①～④）のうちから一つ選びなさい。

① Japan has no system to help people choose which medical institution to visit.
② Japanese patients tend to visit large hospitals first, not clinics.
③ Most Japanese people hesitate to go to clinics for financial reasons.
④ The number of large hospitals in Japan is not large enough yet.

問28・29　ワークシートの空欄 **28** ・ **29** に入れるのに最も適切なものを，四つの選択肢（①～④）のうちから一つずつ選びなさい。選択肢は２回使ってもかまいません。

① 13　② 15　③ 30　④ 50

問30・31　ワークシートの空欄 **30** ・ **31** に入れるのに最も適切なものを，六つの選択肢（①～⑥）のうちから一つずつ選びなさい。

① For any kind of medical emergency
② For consultation on first aid
③ For consultation service by doctors
④ In Kanto region
⑤ In some prefectures
⑥ Throughout Japan

問32　講義の内容と一致するものはどれか。最も適切なものを，四つの選択肢（①～④）のうちから一つ選びなさい。 **32**

① It is the right choice to visit a large hospital first for any illness.
② Parents can receive a consultation service for a medical emergency involving their children from a doctor on the phone in some prefectures.
③ Patients usually find themselves waiting for more than one hour even in clinics.
④ Using a phone consultation service is one way to evaluate the condition of patients in a medical emergency.

第５問はさらに続きます。

問 33 講義の続きを聞き，<u>**下の図から読み取れる情報と講義全体の内容から**</u>どのようなことが言えるか，最も適切なものを，四つの選択肢（①～④）のうちから一つ選びなさい。 33

One large hospital asked patients for their cooperation in order to reduce the number of hospital patients

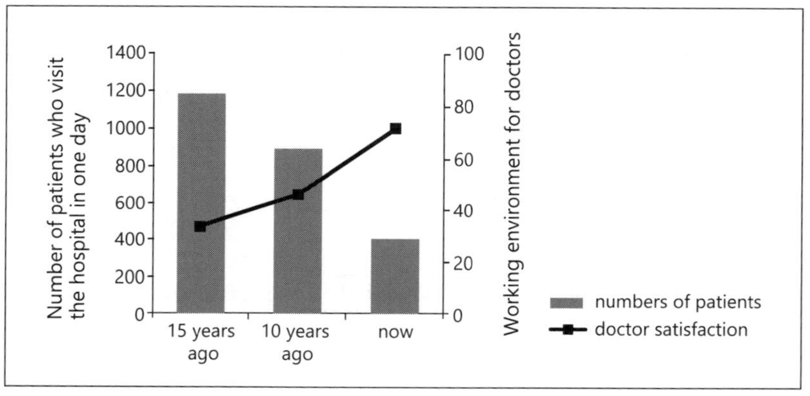

① Cooperation from patients has reached a satisfactory level throughout Japan now.

② It seems essential to request doctors to cooperate with each other for the improvement of medical care.

③ Patients can contribute to the improvement of medical care by visiting a clinic first.

④ Providing a phone consultation service for medical care is the best way to improve the condition of patients.

これで第５問は終わりです。

第6問（配点　14）　音声は1回流れます。　02 - 32 ～ 35

第6問はAとBの二つの部分に分かれています。

A ★★ 第6問Aは問34・問35の2問です。二人の対話を聞き，それぞれの問いの答えとして最も適切なものを，四つの選択肢（①～④）のうちから一つずつ選びなさい。（問いの英文は書かれています。）**状況と問いを読む時間が与えられた後，音声が流れます。**

状況
　二人の大学生（Yuri, Freddy）が，人工知能（AI）について話をしています。

問34　**What is Freddy's main point?**　34

① AIs are likely to be creative in the near future.
② AIs will enable people to do more creative activities.
③ It is all right if AIs do everything for people.
④ Not everyone wants to do creative work.

問35　**What is Yuri's main point?**　35

① AIs are already better at creative work than humans.
② AIs will not beat humans at creative tasks.
③ It is a bad idea to let AIs replace humans at doing everything.
④ It is impossible to let AIs do all human jobs.

これで第6問Aは終わりです。

B ★★★ **第6問Bは問36・問37の2問です。**会話を聞き，それぞれの問いの答えとして最も適切なものを，選択肢のうちから一つずつ選びなさい。**状況と問いを読む時間が与えられた後，音声が流れます。**

> 状況
> Professor Fukushima が危機言語（endangered languages：消滅の危機にある言語）について講演した後，質疑応答の時間がとられています。司会（moderator）が聴衆からの質問を受け付けています。Joan と Naomi が発言します。

問36 四人のうち，危機言語を社会課題とすることに反対の立場で意見を述べている人を，四つの選択肢（①～④）のうちから一つ選びなさい。 36

① Joan
② Moderator
③ Naomi
④ Professor Fukushima

問37 Professor Fukushima の発言内容を表すのに最もふさわしい図・表を，四つの選択肢（①～④）のうちから一つ選びなさい。 37

①

Period	Rate of being lost
Before 1975	1 species/year
1975	1,000 species/year
Now	40,000 species/year

②

Region	Number of endangered languages
Australia	360
East Asia	288
North America	239

③

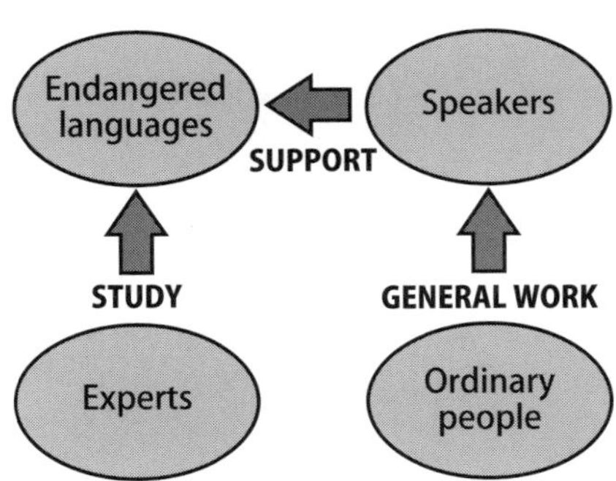

④

これで第６問Ｂは終わりです。

第３回　実戦問題

外　国　語　〔英　語(リスニング)〕

（100 点 / 30 分）

注　意　事　項

1　解答用紙に，正しく記入・マークされていない場合は，採点できないことがあります。

2　問題冊子の異常で**解答に支障がある場合**は，ためらわずに**黙って手を高く挙げなさい**。監督者が筆談用の用紙を渡しますので，トラブルの内容を記入しなさい。試験が終わってから申し出ることはできません。

3　この試験では，**聞き取る英語の音声を２回流す問題と，１回流す問題があります**。流す回数は下の表のとおりです。また，流す回数は，各問題の指示文にも書かれています。

問題	第１問	第２問	第３問	第４問	第５問	第６問
流す回数	２回	２回	**１回**	**１回**	**１回**	**１回**

4　問題音声には，**問題文を読むため，または解答をするために音の流れない時間があります**。

5　解答は，**設問ごとに解答用紙にマークしなさい**。問題冊子に記入しておいて，途中や最後に**まとめて解答用紙に転記してはいけません**（**まとめて転記する時間は用意されていません。**）。

6　解答用紙の汚れに気付いた場合は，そのまま解答を続け，解答終了後，監督者に知らせなさい。解答時間中に解答用紙の交換は行いません。

7　解答時間中は，試験問題に関する質問は一切受け付けません。

8　試験終了後，問題冊子は持ち帰りなさい。

英　語(リスニング)

(解答番号 1 ～ 37)

第1問 (配点 25) 音声は2回流れます。 03 - 01 ～ 10

第1問はAとBの二つの部分に分かれています。

A★ 第1問Aは問1から問4までの4問です。英語を聞き，それぞれの内容と最もよく合っているものを，四つの選択肢（①～④）のうちから一つずつ選びなさい。

問1 1

① Lisa bought an umbrella because it was raining.
② Lisa came back to get her umbrella because it began to rain.
③ Lisa forgot her umbrella although it was raining.
④ Lisa had an umbrella because she thought it might rain.

問2 2

① The speaker is ready to be taken around the campus.
② The speaker is too busy to see the campus.
③ The speaker wants someone to take him around the campus.
④ The speaker wants to show someone around the campus.

問３ [3]

① The speaker is eager to go to the comic festival.
② The speaker is looking forward to going to the comic festival.
③ The speaker thinks it is a pity that he can't go to the comic festival.
④ The speaker wanted to go to the comic festival but couldn't.

問４ [4]

① I can't speak English even if you want me to.
② I don't care if you want to speak English.
③ I hate to speak English even if you want me to.
④ I'm willing to speak English if you would like me to.

これで第１問Ａは終わりです。

B ★ **第1問B**は**問5**から**問7**までの3問です。英語を聞き，それぞれの内容と最もよく合っている絵を，四つの選択肢（①〜④）のうちから一つずつ選びなさい。

問5 [5]

①

②

③

④

問６ 6

①

②

③

④

問7 [7]

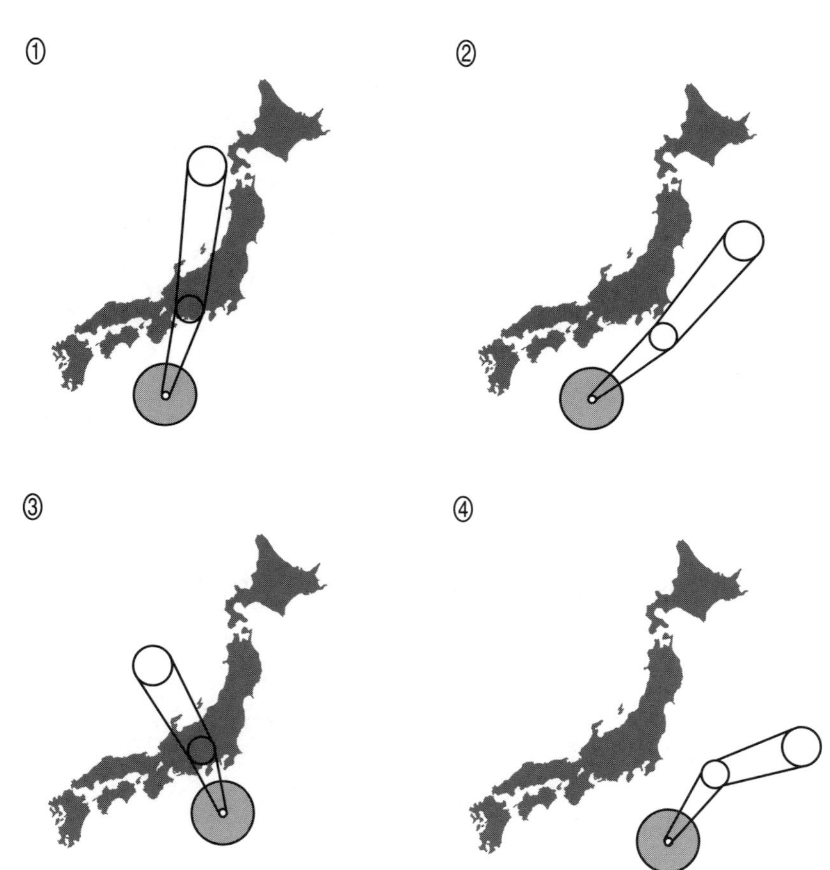

これで第1問Bは終わりです。

第2問★★（配点　16）　音声は2回流れます。　03 - 11 ～ 15

第2問は問8から問11までの4問です。それぞれの問いについて，対話の場面が日本語で書かれています。対話とそれについての問いを聞き，その答えとして最も適切なものを，四つの選択肢（①～④）のうちから一つずつ選びなさい。

問8　居間で電気スタンドをどこに置くかについて話をしています。 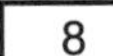

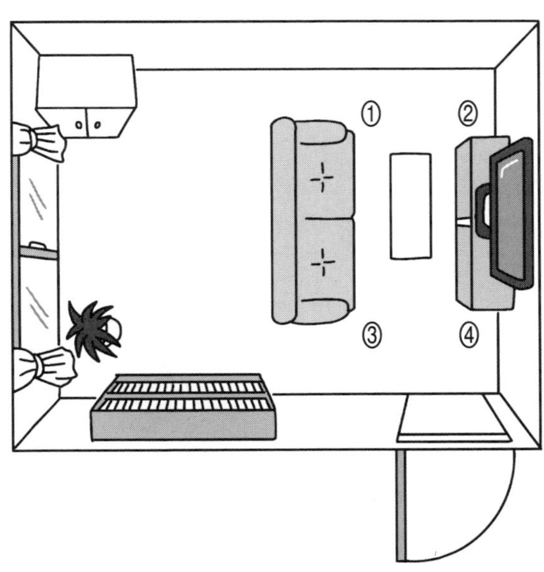

問9 顕微鏡をのぞいて話をしています。 9

①

②

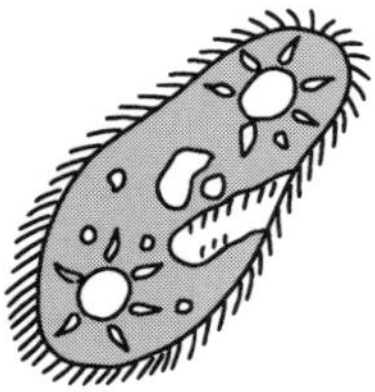

③

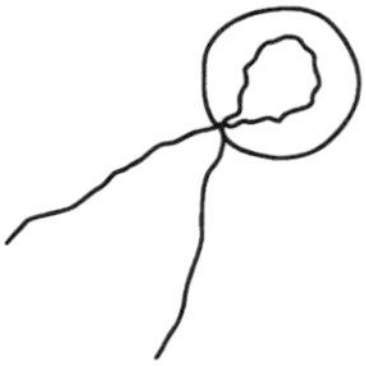

④

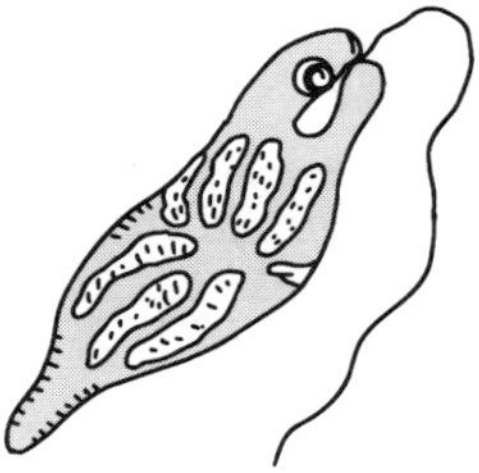

問 10　友だちに買い物について相談しています。 10

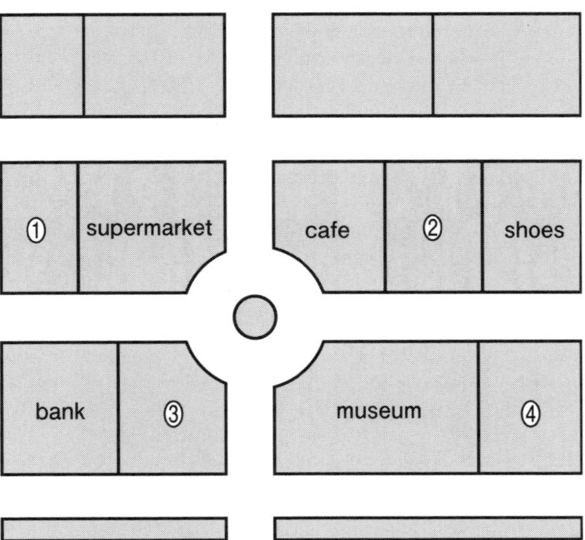

問 11　古い写真について話をしています。

①

②

③

④

これで第２問は終わりです。

第3問 ★★（配点　18）　<u>音声は1回流れます。</u>

第3問は**問12**から**問17**までの6問です。それぞれの問いについて，対話の場面が日本語で書かれています。対話を聞き，問いの答えとして最も適切なものを，四つの選択肢（①～④）のうちから一つずつ選びなさい。（問いの英文は書かれています。）

問12　男性が近づいてきた女性と話をしています。

Where are they talking? 12

① At a clinic.
② At a hotel.
③ At a museum.
④ At a restaurant.

問13　従業員が店長と話をしています。

What will the man do next week? 13

① Take Thursday off and work on Friday.
② Take Tuesday off and work on Friday.
③ Work on Thursday and take Friday off.
④ Work on Tuesday and take Friday off.

問14　船を待っている夫婦が話をしています。

What can you guess from the conversation? 14

① The man is going to buy a cup of coffee for the woman.
② The man is seeing off the woman who is going to get on the ship.
③ The woman wants to get on the ship because she is cold.
④ There might not be enough time to buy coffee.

問 15 女性がホテルの前で男性に話しかけています。

Which seems to be true from the conversation? 15

① The man is helping the woman carry her baggage to the station.
② The man is leading the woman to a taxi stand.
③ The man is not willing to help the woman.
④ The woman doesn't know where she can get a bus.

問 16 男女がドライブ中に道に迷っています。

Why do they know the distance to the station? 16

① Because smartphones have GPS.
② Because they had a road map.
③ Because they know the area well.
④ Because they stopped and asked someone.

問 17 友人同士が本の話をしています。

What kind of books does the man like? 17

① Biographies of historical figures.
② Comic books or travel guides.
③ Funny ones that are true.
④ Stories about the future.

これで第３問は終わりです。

第４問（配点　12）音声は１回流れます。　03 - 23 ～ 28

第４問はＡとＢの二つの部分に分かれています。

A ★★ 第４問Ａは問18から問25の８問です。話を聞き，それぞれの問いの答えとして最も適切なものを，選択肢から選びなさい。

問18～21　男の子がある日友だちといっしょにしたことについて話をしています。話を聞き，その内容を表したイラスト（①～④）を，聞こえてくる順番に並べなさい。

①

②

③

④

問 22～25　あなたは天気予報を聞いています。6つの都市の1月の天気についての説明を聞き，下の表の四つの空欄 22 ～ 25 に入れるのに最も適切なものを，五つの選択肢（①～⑤）のうちから一つずつ選びなさい。選択肢は2回以上使ってもかまいません。

USA TODAY WEATHER REPORT			
	City	Average January Temperature (℃)	Today's Average Temperature (℃)
	Chicago	−6	22
	Denver	0	
	Los Angeles	15	
	Miami	21	23
	Seattle	6	24
	Washington DC	2	25

①　−6　　②　4　　③　6　　④　8　　⑤　20

これで第4問Aは終わりです。

B ★★ **第4問Bは問26の1問です。**話を聞き，示された条件に最も合うものを，四つの選択肢（①～④）のうちから一つ選びなさい。下の表を参考にしてメモを取ってもかまいません。**状況と条件を読む時間が与えられた後，音声が流れます。**

状況

あなたは，遊びに来ている両親のために，生活している大学のある街の日帰り旅行を探しています。旅行会社四社が自社のツアーについて説明するのを聞いています。

あなたが考えている条件

A．あまり歩かないこと

B．入場料込みであること

C．レストランが選べること

	Condition A	Condition B	Condition C
① All Star Travel			
② Cameron's Tours			
③ Our Pleasure			
④ Visits for You			

問26 [26] is the travel agency you are most likely to choose.

① All Star Travel
② Cameron's Tours
③ Our Pleasure
④ Visits for You

これで第4問Bは終わりです。

第５問 ★★★（配点　15）　音声は１回流れます。

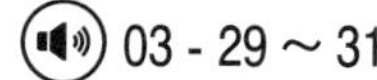

第５問は問 27 から問 33 の７問です。

最初に講義を聞き，問 27 から問 32 に答えなさい。次に続きを聞き，問 33 に答えなさい。状況・ワークシート，問い及び図表を読む時間が与えられた後，音声が流れます。

状況

あなたは日本の大学で，米国からの客員教授から，Autonomous car（自動運転車，完全自律走行［型］自動車）について，ワークシートにメモを取りながら，講義を聞いています。

ワークシート

○ **Self-governing car**

"Autonomous car" (27 expression.)
"Automated car" (28 expression.)
*A pilot of an airplane with a similar system manually operates the airplane during take-off.

・The car acts independently of the driver, or without a driver who actively operates any of its control systems.
・The challenge for a fully autonomous car is to become widely available.
・The 29 has to be much improved.
・The 30 is likely to meet the requirements of a fully autonomous car.

○ **Technologies of a self-governing car**

	Car type	Type of computer	Speed
1977	First truly automated car	analog	30 km/hour (max.)
Today	Autonomous car	digital	31 (max.)

問 27～30　ワークシートの空欄 27 ～ 30 に入れるのに最も適切なものを，四つの選択肢（①～④）のうちから一つずつ選びなさい。選択肢は２回以上使ってもかまいません。

① commonly used　　② hardware
③ more accurate　　④ software

問 31　ワークシートの空欄 31 に入れるのに最も適切なものを，六つの選択肢（①～⑥）のうちから一つ選びなさい。

① 60 km/hour　　② 70 km/hour　　③ 80 km/hour
④ 90 km/hour　　⑤ 100 km/hour　　⑥ 110 km/hour

問 32　講義の内容と一致するものはどれか。最も適切なものを，四つの選択肢（①～④）のうちから一つ選びなさい。 32

① An autonomous car is a type of car without a driver in it.
② It is likely that we will see a fully automated car within 10 years.
③ The first truly automated car was developed in Japan and had an analog computer.
④ Today airplanes can land without being controlled by a human operator.

第５問はさらに続きます。

問 33　講義の続きを聞き，**下の図から読み取れる情報と講義全体の内容から**どのようなことが言えるか，最も適切なものを，四つの選択肢（①～④）のうちから一つ選びなさい。 33

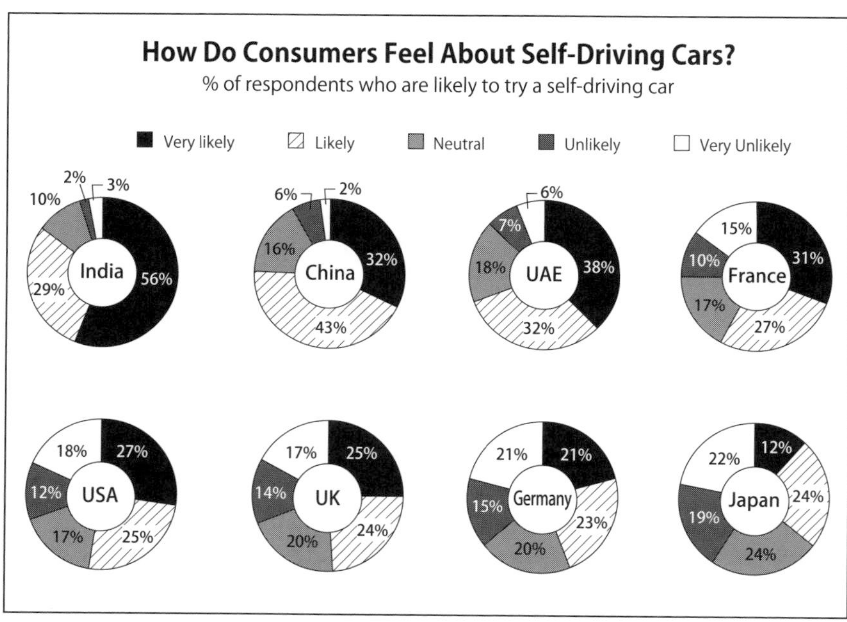

① People in developed countries are concerned about both technology and laws regarding to self-driving cars.

② People in developing countries are satisfied with the strict traffic rules.

③ People in developing countries prefer to share a car with those in their town.

④ The automated system that is used to control airplanes is not applied to self-driving cars.

これで第５問は終わりです。

第６問（配点　14）　音声は１回流れます。　03 - 32 ～ 35

第６問はＡとＢの二つの部分に分かれています。

A ★★ 第６問Ａは問 34・問 35 の２問です。二人の対話を聞き，それぞれの問いの答えとして最も適切なものを，四つの選択肢（①～④）のうちから一つずつ選びなさい。（問いの英文は書かれています。）状況と問いを読む時間が与えられた後，音声が流れます。

状況
二人の大学生（Brad, Lisa）が，いっしょに見た映画について話をしています。

問 34　**What is Brad's main point?**　34

① It is normal that movies are different from the books they are based on.
② Movies are not as good as the books they are based on.
③ When you see a movie, you shouldn't read the book it is based on.
④ You shouldn't expect too many things from movies.

問 35　**What is Lisa's main point?**　35

① She shouldn't have read the book before seeing the movie.
② The movie was as good as the book it is based on.
③ The movie was not what she had expected.
④ The music in the movie was so good that she nearly fell asleep.

これで第６問Ａは終わりです。

B ★★★ **第6問Bは問36・問37** の2問です。会話を聞き，それぞれの問いの答えとして最も適切なものを，選択肢のうちから一つずつ選びなさい。**状況と問いを読む時間が与えられた後，音声が流れます。**

> 状況
>
> Tatsuoが，校則（school rules）についてのスピーチをしています。終了後に，司会（moderator）の進行の下，TatsuoとMr. Schmitt，Ms. Carterの四人によるディスカッションが始まります。

問36 四人のうち，校則に関して否定的な意見を述べている人の組み合わせを，六つの選択肢（①～⑥）のうちから一つ選びなさい。 36

A. Moderator
B. Mr. Schmitt
C. Ms. Carter
D. Tatsuo

① A，B　② A，C　③ A，D
④ B，C　⑤ B，D　⑥ C，D

問37 Tatsuoの意見を正しく表した図の組み合わせを，六つの選択肢（①～⑥）のうちから一つ選びなさい。 37

① A，B　② A，C　③ A，D
④ B，C　⑤ B，D　⑥ C，D

A.

B.

C.

D.

これで第６問 B は終わりです。

第４回　実戦問題

外　国　語〔英　語(リスニング)〕

（100 点
30 分）

注　意　事　項

1　解答用紙に，正しく記入・マークされていない場合は，採点できないことがあります。

2　問題冊子の異常で**解答に支障がある場合**は，ためらわずに**黙って手を高く挙げなさい**。監督者が筆談用の用紙を渡しますので，トラブルの内容を記入しなさい。試験が終わってから申し出ることはできません。

3　この試験では，**聞き取る英語の音声を２回流す問題と，１回流す問題があります**。流す回数は下の表のとおりです。また，流す回数は，各問題の指示文にも書かれています。

問題	第１問	第２問	第３問	第４問	第５問	第６問
流す回数	２回	２回	**１回**	**１回**	**１回**	**１回**

4　問題音声には，**問題文を読むため，または解答をするために音の流れない時間があります**。

5　解答は，**設問ごとに解答用紙にマークしなさい**。問題冊子に記入しておいて，途中や最後に**まとめて解答用紙に転記してはいけません**（**まとめて転記する時間は用意されていません。**）。

6　解答用紙の汚れに気付いた場合は，そのまま解答を続け，解答終了後，監督者に知らせなさい。解答時間中に解答用紙の交換は行いません。

7　解答時間中は，試験問題に関する質問は一切受け付けません。

8　試験終了後，問題冊子は持ち帰りなさい。

英　語(リスニング)

(解答番号 [1] ～ [37])

第1問 (配点 25) 音声は2回流れます。 04-01～10

第1問はAとBの二つの部分に分かれています。

A ★ 第1問Aは問1から問4までの4問です。英語を聞き，それぞれの内容と最もよく合っているものを，四つの選択肢（①～④）のうちから一つずつ選びなさい。

問1 [1]

① Chris has a car but he wants to buy another one.
② Chris has no car and he doesn't want one, either.
③ Chris wants a car now but can't afford to buy one.
④ Chris wishes he had a car.

問2 [2]

① The speaker likes the bag but wants a discount on it.
② The speaker thinks that the bag costs too much.
③ The speaker wants to buy a bag of higher quality.
④ The speaker wants to buy more than one bag.

問３ | 3 |

① Although I worked hard to pass the exam, I couldn't.
② I didn't work hard enough to pass the final exam.
③ I had a hard time preparing for the final exam.
④ I studied hard to pass the exam and managed to succeed.

問４ | 4 |

① The problem occurred because you forgot to check the battery.
② You charged the battery after you turned on the recorder.
③ You didn't use the recorder after you charged the battery.
④ You have to watch the battery level while you are recording.

これで第１問Ａは終わりです。

B★ **第1問B**は**問5**から**問7**までの3問です。英語を聞き，それぞれの内容と最もよく合っている絵を，四つの選択肢（①～④）のうちから一つずつ選びなさい。

問5　5

問６　[6]

①

②

③

④

問7 　7

②

③

④

これで第1問Bは終わりです。

第２問★★（配点　16）　音声は２回流れます。　04 - 11 ～ 15

第２問は**問８**から**問11**までの４問です。それぞれの問いについて，対話の場面が日本語で書かれています。対話とそれについての問いを聞き，その答えとして最も適切なものを，四つの選択肢（①～④）のうちから一つずつ選びなさい。

問８　月別の売り上げについて話をしています。 8

①

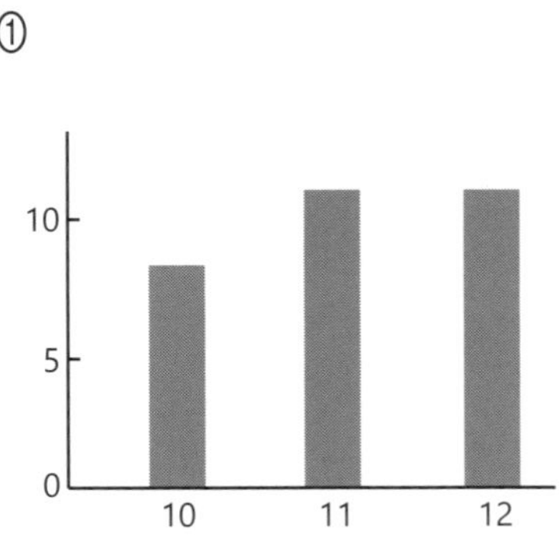

②

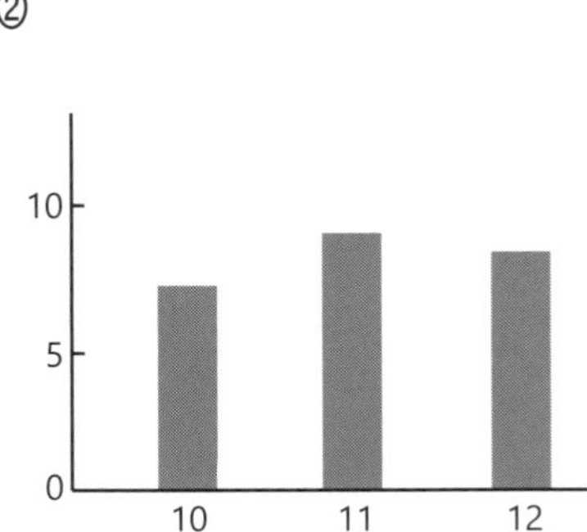

③

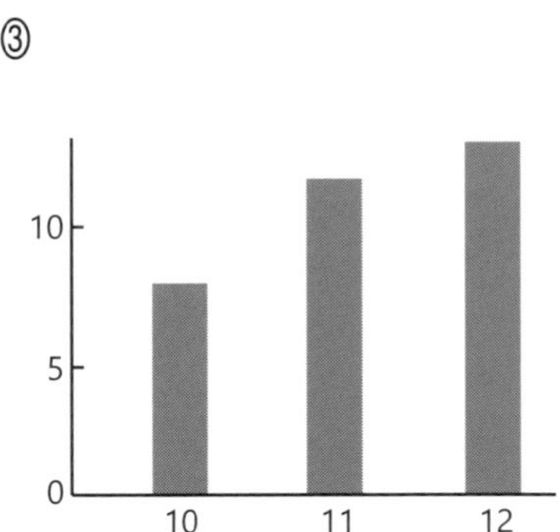

④

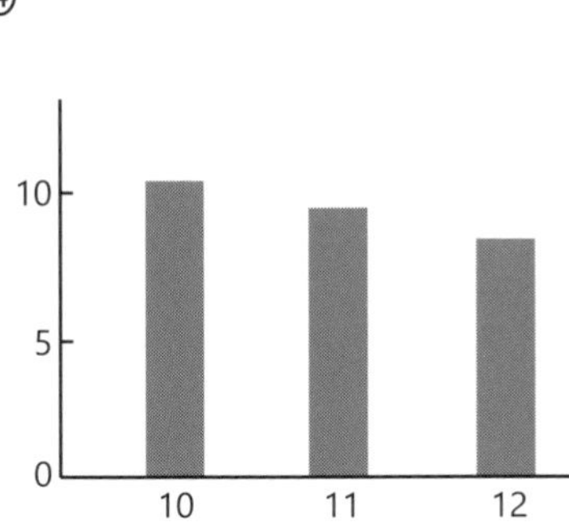

問 9　道をたずねています。 9

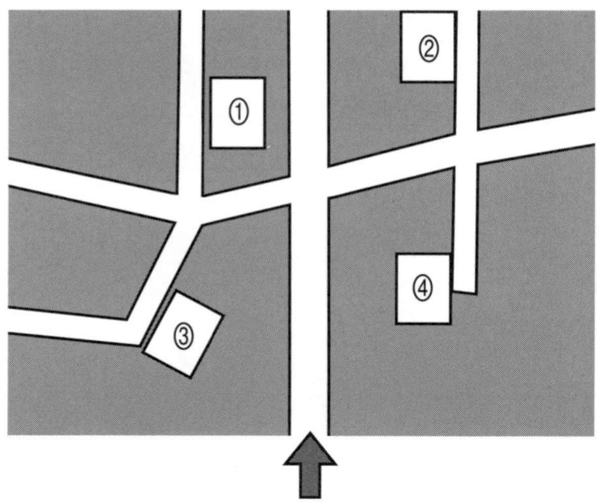

問 10　数の並び方について話をしています。 10

①

②

③

④

問 11　どんなペットを飼うかについて話をしています。 11

これで第2問は終わりです。

第３問★★（配点　18）　音声は１回流れます。　04 - 16 ～ 22

第３問は**問 12** から**問 17** までの６問です。それぞれの問いについて，対話の場面が日本語で書かれています。対話を聞き，問いの答えとして最も適切なものを，四つの選択肢（①～④）のうちから一つずつ選びなさい。（問いの英文は書かれています。）

問 12　男性と女性が駅で話をしています。

When will their train leave?　[12]

① At 5:30
② At 5:50
③ At 6:05
④ At 6:40

問 13　男性が父親のことで女性と話をしています。

What is the man's father going to do?　[13]

① Get a ride in the woman's car.
② Take a taxi.
③ Wait for another bus.
④ Walk home from the station.

問 14　男性が花屋の店員と話をしています。

How much will the man pay?　[14]

① ten dollars
② fifteen dollars
③ twenty dollars
④ twenty-five dollars

問 15　友達同士が明日の天気について話をしています。

What is likely to happen tomorrow? 15

① The tennis match will be cancelled forever because of the weather.
② The tennis match will be held but the man will not participate.
③ The tennis match will be held tomorrow whether the weather is good or not.
④ The tennis match will be put off again.

問 16　夫婦が服の買い物をしています。

What is the problem with the first sweater? 16

① It doesn't fit properly.
② It has a hole.
③ It is too colorful.
④ The woman dislikes stripes.

問 17　職場で女性が上司と話をしています。

How did the woman come to work? 17

① By bike.
② By bus.
③ By taxi.
④ By train.

これで第３問は終わりです。

第４問（配点　12）音声は１回流れます。　04 - 23 ～ 28

第４問はＡとＢの二つの部分に分かれています。

Ａ ★★ **第４問Ａ**は**問 18** から**問 25** の８問です。話を聞き，それぞれの問いの答えとして最も適切なものを，選択肢から選びなさい。

問 18～21　男の子が２日前のできごとについて話をしています。話を聞き，その内容を表したイラスト（①～④）を，聞こえてくる順番に並べなさい。

18 → 19 → 20 → 21

問 22～25　日本人を教える英会話学校が新しい講師を採用しようとしています。校長の説明を聞き，下の表の四つの空欄 [22] ～ [25] に入れるのに最も適切なものを，五つの選択肢（①～⑤）のうちから一つずつ選びなさい。選択肢は２回以上使ってもかまいません。

Name	**Country of origin**	**Japanese skills**	**English teaching experience**
Paul	Canada	beginner	two years
Ken	US	advanced	[22]
Ruth	Britain	none	[23]
Chris	US	intermediate	[24]
Richard	US	beginner	two years
Anne	Australia	intermediate	[25]

① none
② three months
③ three years
④ six years
⑤ eight years

これで第４問Ａは終わりです。

B ★★ **第４問Ｂは問26**の１問です。話を聞き，示された条件に最も合うものを，四つの選択肢（①～④）のうちから一つ選びなさい。下の表を参考にしてメモを取ってもかまいません。**状況と条件を読む時間が与えられた後，音声が流れます。**

状況

あなたはアメリカに長期滞在するためにアパートを探しています。アパートを決めるにあたり，条件について四人から説明を聞いています。

あなたが考えている条件

A．買い物に便利であること
B．静かな環境にあること
C．家賃は530ドル以内であること

	Condition A	Condition B	Condition C
① Del Mar			
② Sunrise			
③ The Chalet			
④ Westgate			

問26 [26] is the apartment building you are most likely to choose.

① Del Mar
② Sunrise
③ The Chalet
④ Westgate

これで第４問Ｂは終わりです。

第５問 ★★★（配点　15） 音声は１回流れます。　04 - 29 ～ 31

第５問は問 27 から問 33 の７問です。

最初に講義を聞き，問 27 から問 32 に答えなさい。次に続きを聞き，問 33 に答えなさい。**状況・ワークシート，問い及び図表を読む時間が与えられた後，音声が流れます。**

> 状況
>
> あなたはアメリカの大学で，「未来の食べ物」について，ワークシートにメモを取りながら，講義を聞いています。

ワークシート

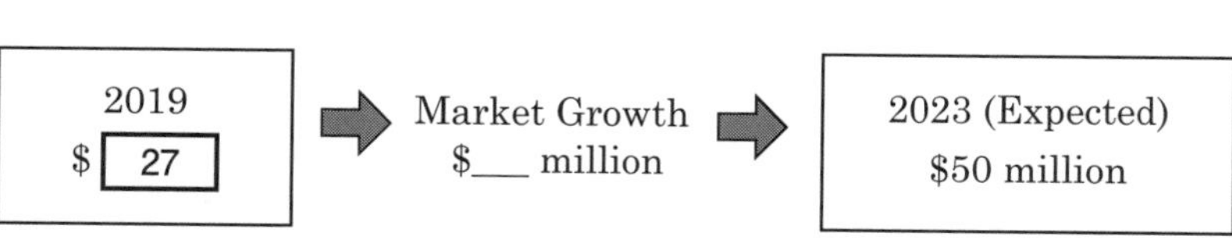

○ Insects as Food – Health & Environment Analysis (Comparison with beef)

Impacts on the Environment	
Feeding efficiency	**More**
28 required	**Less**
Water required	**Less**
29	**Less**

Health & Nutrition	
Calories	**Low**
30	**Low**
31	**High**
Vitamins / Minerals	**High**

問27　ワークシートの空欄 **27** に入れるのに最も適切なものを，六つの選択肢（①～⑥）のうちから一つ選びなさい。

① 5 million　② 10 million　③ 20 million
④ 40 million　⑤ 50 million　⑥ 90 million

問28～31　ワークシートの空欄 **28** ～ **31** に入れるのに最も適切なものを，四つの選択肢（①～④）のうちから一つずつ選びなさい。

① Fat　② Gas emissions
③ Land　④ Protein

問32　講義の内容と一致するものはどれか。最も適切なものを，四つの選択肢（①～④）のうちから一つ選びなさい。 **32**

① Eating insects may solve problems related to the environment and population growth.
② Eating meat is bad for the environment but good for human health.
③ Insects are becoming more popular as food, which is good for the US economy.
④ Insects are becoming more popular than meat due to environmental reasons.

第５問はさらに続きます。

問 33　講義の続きを聞き，**下の図から読み取れる情報と講義全体の内容から**どのようなことが言えるか，最も適切なものを，四つの選択肢（①～④）のうちから一つ選びなさい。 33

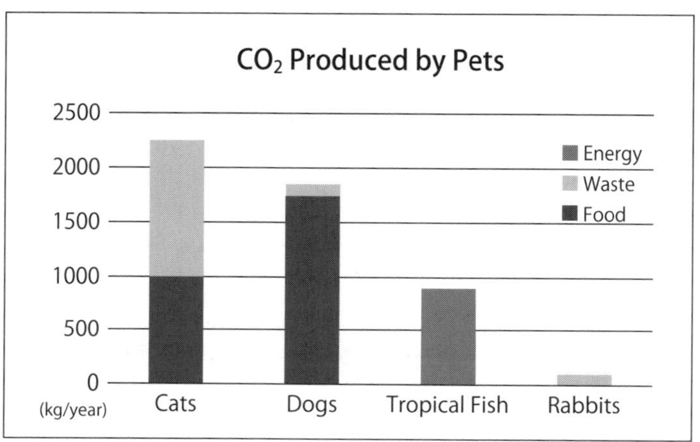

① The pet food industry can campaign for people to keep fish instead of cats and dogs.

② The pet food industry can start producing dog and cat food using insects instead of meat.

③ The pet food industry can start producing fish food from insects.

④ The pet food industry can start selling meat for dogs and cats in countries such as China.

これで第５問は終わりです。

第６問（配点　14）音声は１回流れます。

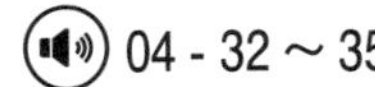

第６問はＡとＢの二つの部分に分かれています。

A ★★ 第６問Ａは問 34・問 35 の２問です。二人の対話を聞き，それぞれの問いの答えとして最も適切なものを，四つの選択肢（①～④）のうちから一つずつ選びなさい。（問いの英文は書かれています。）**状況と問いを読む時間が与えられた後，音声が流れます。**

> 状況
>
> 二人の教師（Mr. Baker，Ms. Watson）が子供たちの読書について話をしています。

問 34　**What is Mr. Baker's main point?**　[34]

① It is important for children to read really good books.
② It is important to check if children have really read books.
③ It is important to find out why children don't read much.
④ It is important to show children how much fun reading is.

問 35　**What is Ms. Watson's main point?**　[35]

① Rewards can encourage children to find really good books.
② Rewards can motivate children to read more.
③ Rewards may help children learn from what they read.
④ Rewards will make reading fun for children.

これで第６問Ａは終わりです。

B ★★★ **第6問Bは問36・問37の2問です。**会話を聞き，それぞれの問いの答えとして最も適切なものを，選択肢のうちから一つずつ選びなさい。**状況と問いを読む時間が与えられた後，音声が流れます。**

> 状況
>
> ある小学校のPTAの代表者（PTA representative）が，生徒にもっと多く休み時間を与えることについての話し合いの司会をしています。校長と母親と教師がそれぞれ意見を述べています。

問36 四人のうち，休み時間の延長に反対の立場で意見を述べている人の組み合わせを，六つの選択肢（①～⑥）のうちから一つ選びなさい。 36

A. Mother
B. Principal
C. PTA representative
D. Teacher

① A, B	② A, C	③ A, D
④ B, C	⑤ B, D	⑥ C, D

問37 校長の意見を支持する図を，四つの選択肢（①～④）のうちから一つ選びなさい。 37

①

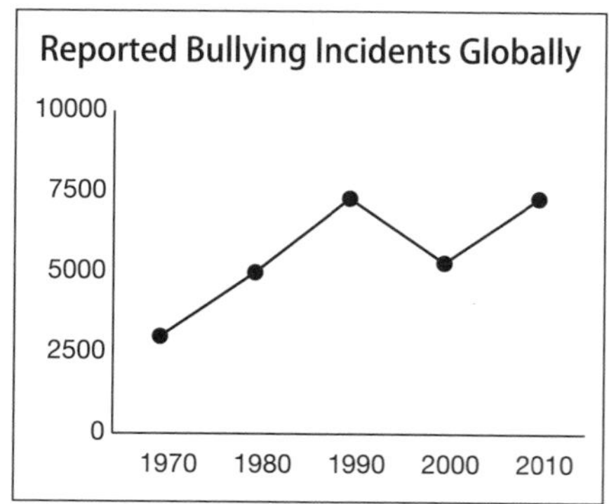

②

Biggest Pressures on Teachers

	TEACHERS SURVEY
❶ Ranking	83%
❷ Tests	76%
❸ Workbooks	53%
❹ Lectures	42%
❺ Technology	18%

③

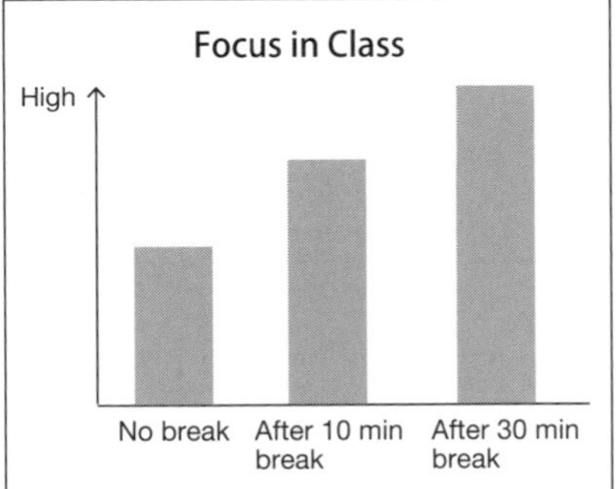

④

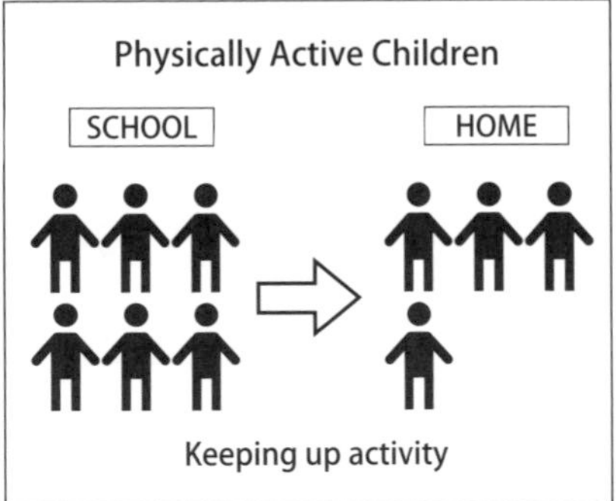

これで第６問 B は終わりです。

改③ 20241005

駿台受験シリーズ

短期攻略
大学入学共通テスト 英語リスニング

改訂版

刀祢雅彦　編著

音声ダウンロード対応

駿台文庫

はじめに

― 共通テストリスニングへのアプローチ ―

本書は共通テストのリスニング問題攻略のために作られている。センター試験に代わる新しい英語の共通テストではリスニングの配点がリーディングテストと同じ 100 点となった。こうなると，筆記 200 点・リスニング 50 点だった従来のセンター試験のように，「リスニングは苦手だから筆記でかせごう」というような考え方はできない。共通テストのリスニングの特徴をよく知るとともに，読解と同じくらいの時間とエネルギーをリスニングに向けてほしい。

◆この本の構成◆

本書には共通テストの問題形式と内容を徹底的に研究して作られた実戦演習問題４回分が収録されている。また，共通テストの分析，傾向と対策，リスニングに必要な重要知識がまとめられている。さらに巻末の付録には，会話によく使用される重要な口語的表現，地図の説明などに使われる位置関係を表す表現なども収録した。

別冊【問題編】には，英語が話されるときに起きる音声変化のパターンやルール，共通テストに使用されることが公表されているイギリス系英語の特徴も収録した。こちらもしっかり活用してほしい。

一部の設問の解説には，聞き取りのポイント♪がついており，→❶は別冊 p. 5 ～ 8 の「音の結合と変化のルール ❶」を参照することを表している。問題の音声がどのように聞こえているか確認しよう。

◆この本が完成するまで，駿台文庫の上山匠さん，斉藤千咲さん，そして石川花子さんには本当にいろいろとお世話になりました。斉藤さん，石川さんには，問題の内容から表現にいたるまで，きめ細かなチェックとアドバイス，さまざまなご提案をいただきました。心より感謝いたします。またスクリプトの収録ではナレーターの Lisa F さん，Ryan Drees さん，Kayli さん，そして Ollie Girvan さんにすばらしい仕事をしていただきました。本当にありがとうございました。また問題の作成にあたっては Andrej Krasnansky さん，Paul Setter さん，Lindsey Schilz さん，Paul McCarthy さん他，たくさんの方々に貴重なご意見とアドバイスをいただきました。
I really appreciate you guys' help!

もくじ

共通テストの特徴はなにか？ ……………… 6
◆特徴的な問題の研究◆ ……………… 9
◆リスニング力を高めるには？◆ ……………… 16

第１回　実戦問題　解答・解説 ……………… 19
第２回　実戦問題　解答・解説 ……………… 47
第３回　実戦問題　解答・解説 ……………… 79
第４回　実戦問題　解答・解説 ……………… 111

付録集
会話表現集 ……………… 144
地図問題の攻略 ……………… 153

◆付属音声の使い方について◆

音声ダウンロード方法および収録内容一覧については，別冊の問題編 p. 2～4をご参照ください。

問題・解説作成／編集協力（敬称略）
刀祢雅彦　能塚竜次　Karl Allen
株式会社エディット　株式会社シー・レップス　株式会社新後閑

共通テストの特徴はなにか？

テスト演習に取り組む前に，共通テスト（リスニング）の特徴を頭に入れておこう。

時間と語数

センター試験と同じ 30 分である。読み上げられる音声の語数は合計約 1,500 語。

問題数

問題数は 37 問である（センター試験の 25 問より 12 問多い）。また大問数は６題（センター試験は 4 題）となった。

英語が読まれる速度

センター試験では，読まれる英語の速度は，年度・設問や英文の種類（対話・物語・講義など）によりかなり違いはあったが，ほとんどが毎分 130 語～ 180 語の範囲，平均約 140 語であった。共通テストの問題もそれほど大きな違いはない。対話文の問題（第２問，第３問，および第６問 A）ではその他の問題（説明文や講義）よりも少し速くなる傾向がある。各問題の速度を計測した結果は次の表のとおりである。

問題別　語数と速度（2021 年度　本試　第１日程）

問題と英文の種類	読み上げ単語数	速度（１分あたりの語数）
第１問　短文ＡＢ（合計）	87 語	約 174 語 *
第２問　対話	141 語	約 165 語
第３問　対話	308 語	約 154 語
第４問　A　説明 B　説明（４人）	161 語 165 語	約 129 語 約 147 語
第５問　講義	318 語	約 108 語
第６問　A　対話 B　会話（４人）	186 語 191 語	約 153 語 約 127 語

* 第 1 問は短文の問題でポーズがあまりないため速度が大きくなっているが，聞いた印象では他の問いより特に速くはない。

● 英文が１回しか読まれない問題が多い！

センター試験ではすべての英文を２回聴くことができたが，共通テストでは２回聴けるのは比較的英文が短い第１問～２問だけで，第３問～６問までの英文は１回しか読まれない。語数では 1,200 語あまり，全体の約８割は１回しか聴けないことになる。当然，２回聴けるものより一層集中力が求められるが，これらの問いの英文では第５問や第６問Ｂのように読む速度を少し落としたり，第４問Ａのようにセンテンスの間のポーズをやや長めにしたりという配慮もされているようだ。ふだんから英文はつねに１回で内容を把握するつもりで聴く練習を積んでおこう。

● さまざまな種類の英語が使われる

英語には国・民族・地域による違いが見られるが，共通テストにはアメリカ英語に加え，イギリス系の英語，日本人的な英語などが使われる。大学入試センターの発表では「アメリカ英語に加えて，場面設定によってイギリス英語を使用することもある」と明記されている。たとえば 2017 年度試行テスト Version A の第４問の最初の文では日本人風の（発音はネイティヴスピーカー的だが）たどたどしい英語，Version B 第３問 問 18 ではイギリス系の英語が使われている（tomato をアメリカ的な [təméitou] ではなく [təmɑ́ːtou] と発音している）。また 2018 年度試行テストでも第４問Ｂの１では日本人的な non-native 発音の英語，２と４ではアメリカ英語（違う地域のもの），３ではイギリス系の英語が使われている。イギリス英語といっても，それほどくせが強い発音ではないので，アメリカ英語に慣れている人でも特に聞き取りにくくはないだろう。普通の日本人学生にとってはアメリカ英語よりむしろ聞き取りやすいと思われるので，まったく心配する必要はない。なおイギリス英語の特徴については別冊【問題編】p. 9 で説明している。

● テストの構成と設問形式

短い文の意味の理解から始まり，短い対話，説明的文章，講義，そして長い対話の理解という構成になっている。あとになるほど英文の量が増え，問題も長いテキスト全体に対する内容把握力を問うものが多くなっている。

設問形式（2021 年度 本試） 満点 100 点

問題	問題形式	配点
第１問　A	読まれた短い英文の意味に近い英文を選ぶ（4 問）	16 点
B	読まれた短い英文の意味に合う絵を選ぶ（3 問）	9 点
第２問	短い対話と問いを聞き，答えを絵で選ぶ（4 問）	16 点
第３問	対話を聞き，問いの答えを英語で選ぶ（6 問）	18 点
第４問　A	数字を含む説明文を聞き，その情報をグラフに当てはめる（4 問） 数字を含む説明文を聞き，表の空欄を埋める（4 問）	8 点
B	４人の説明を聞き，条件に合うものを選ぶ（1 問）	4 点
第５問	講義を聞き，ワークシートを埋める（5 問） 講義の内容に一致する英文を選ぶ（1 問） 講義の続きを聞き，図と講義全体の内容に合う英文を選ぶ（1 問）	15 点
第６問　A	長めの対話を聞き，話し手の論点に合う英文を選ぶ（2 問）	6 点
B	４人の会話を聞き，議論の内容について答える（1 問） 話者の意見を表す図を選ぶ（1 問）	8 点

● 問題形式の特徴・センター試験との違い

めだつのは次のような点である。

- **対話の最後の発言に対する適切な応答を選ぶ形式がない**（センター試験では第２問に出題されていた）。
- **短文の意味を問う英語言い換え問題・イラスト問題が出た（第１問）。**
- **４つの説明から条件に合うものを選ぶ問題が出た（第４問 B）。**
- **講義を聴いてワークシート（まとめのノート）を埋める形式が出た（第５問）。**

上のようにセンター試験とは違う形式も多いが，今後さらに違うタイプに変化することも考えられ，またセンター試験で用いられていた設問形式が復活することもありうるので，センターの過去問や英検（準２級～準１級）の問題集などでさまざまな形式の練習を積んでおくといいだろう。

次にこれらの特徴的な問題のポイントを見ておこう。

◆特徴的な問題の研究◆

● 短文の意味を問う問題（第1問）

これは基本的な表現・構文や時制などの意味を正確に聞き取る力を試す問題だと言えるだろう。共通テストではリーディングの4択文法問題はなくなったが，このように別の形で文法の力が問われるので，文法の学習をおろそかにしてはいけない。なお，その文が使われる状況を問うもの（例1）や，その文が会話の中でどんな機能を果たすか（例2）を問うものもある。

例1　聞こえてくる英文の内容に最も近い意味の英文を，四つの選択肢（①～④）のうちから一つずつ選びなさい。

🔊 Here are your **menus**. **Today's specials** are beef and chicken. **Can I get you** something to drink first?　（2017-A　問2）

① She is asking for the menu.
② She is cooking in the kitchen.
③ She is serving some dishes.
④ She is taking their order.

正解は④。対話の状況を推量する問題。menus，Today's specials などがヒント。Can I get you ...「…をお持ちいたしましょうか」という注文を聞くときによく使われる表現を理解できるかどうかもポイント。

例2　🔊 I've had enough cookies, thanks. Some more tea **would be nice**.　（2018　問1）

① The speaker does not want anything.
② The speaker wants both tea and cookies.
③ The speaker wants cookies.
④ The speaker wants tea.

正解は④。Some more tea would be nice. は直訳すると「少しのお茶が（あれば）いいだろう」のような意味だが，意訳すると「お茶をいただければありがたいです」，さらに直接的に言えば「お茶をください」をていねいに表す遠まわしな依頼の表現になる。仮定法を使った間接的な依頼の表現の意味の理解を問う問題。

例3　聞こえてくる英文の内容に最も近い絵を，四つの選択肢（①～④）のうちから一つずつ選びなさい。

🔊 The man is going to **have his house painted**.　（2017-A　問4）

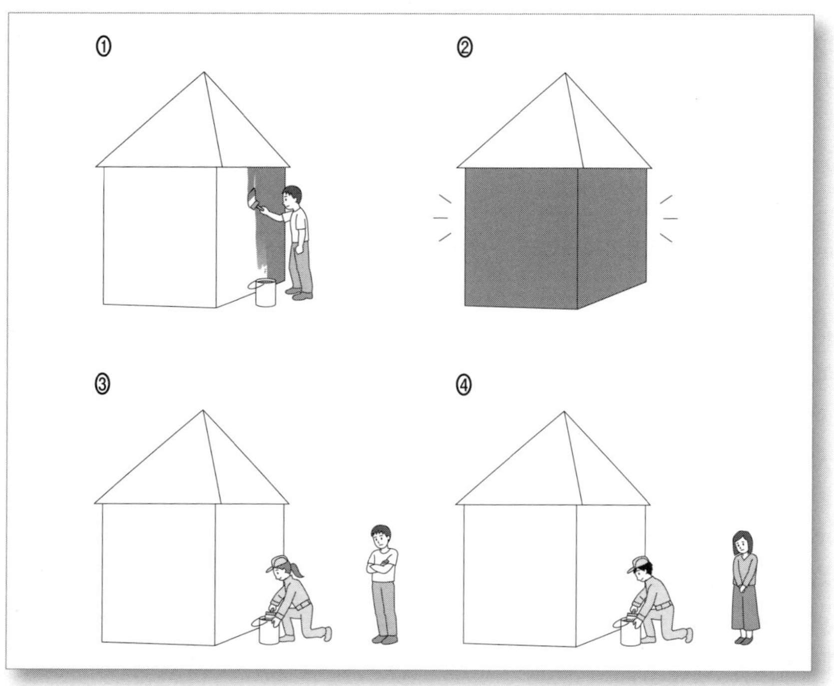

正解は③。これはhave A＋Ved「AをVしてもらう」という構文の意味の理解とともに，be going toでこれからの行為を表していることが理解できるかどうかを試す問題。文法的問題とみなせる。

例4 🔊 When the boy entered the classroom, the teacher **had already started** the lesson.（2018　問3）

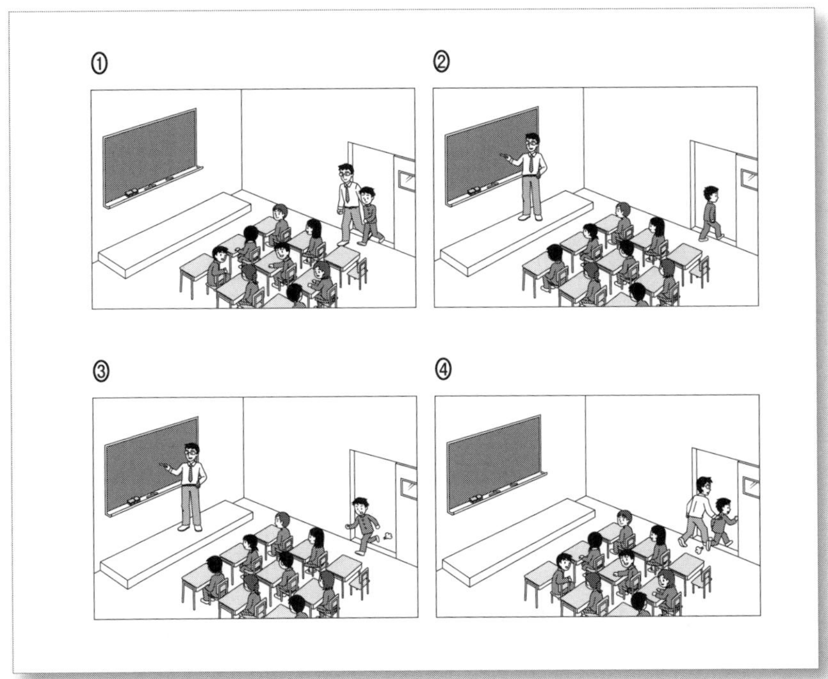

正解は③。この問いでは過去完了形 had Ved「(すでに) V していた」の理解がポイントとなっている。

● **4つの説明から条件に合うものを選ぶ問題（第4問B）**

4人の違う話し手による4つの説明を聞いて，いくつかの条件を満たすものをしぼりこむ問題。聞き取った内容を整理する表があたえられている。この表の条件が満たされている欄にしるしをつけながら聴くとよい。この形式ではさまざまな種類の英語が使われている。

例　四人の説明を聞き，問いの答えとして最も適切なものを，選択肢のうちから選びなさい。メモを取るのに下の表を使ってもかまいません。**1回流します**。（2018）

状況

あなたは大学に入学した後に住むための寮を選んでいます。寮を選ぶにあたり，あなたが考えている条件は以下のとおりです。

条件

A．同じ寮の人たちと交流できる共用スペースがある。

B．各部屋にバスルームがある。

C．個室である。

	A. Common space	B. Private bathroom	C. Individual room
① Adams Hall			
② Kennedy Hall			
③ Nelson Hall			
④ Washington Hall			

1. You'd love Adams Hall. It's got a big recreation room, and we have parties there every weekend. You can also concentrate on your studies because everyone gets their own room. The bathrooms are shared, though. (ネイティブではない人の英語)
2. I recommend Kennedy Hall. All the rooms are shared, and the common area is huge, so we always spend time there playing board games. There's a bathroom in every room, which is another thing I like about my hall. (アメリカ英語)
3. I live in Nelson Hall. There are private rooms, but only for the seniors. So, you'll be given a shared room with no bathroom. My favorite place is the common kitchen. We enjoy sharing recipes from different countries with each other. (イギリス英語)
4. You should come to Washington Hall. **The large living room allows you to spend a great amount of time with your friends. Each room has a bathroom. Some rooms are for individual students**, and, if you apply in advance, you will surely get one of those. (アメリカ英語)

正解は④。④の内容は次のようにA. B. C. の条件を満たす。**The large living room allows you to spend a great amount of time with your friends.**「大きなリビングルームで友人たちとたくさんの時間を過ごせる」→ A. 同じ寮の人たちと交流できる共用スペースがある。**Each room has a bathroom.** → B. 各部屋にバスルームがある。**Some rooms are for individual students**「いくつかの部屋は1人の学生用である」→ C. 個室である。

● 講義を聴いてワークシートを埋める問題（第5問）

講義を聴いてその内容をワークシートにまとめていく形式の問題。かなり長い英文の中から設問で求められている情報を逃さず聞き取ることが求められる。よく練習して慣れておく必要があるだろう。

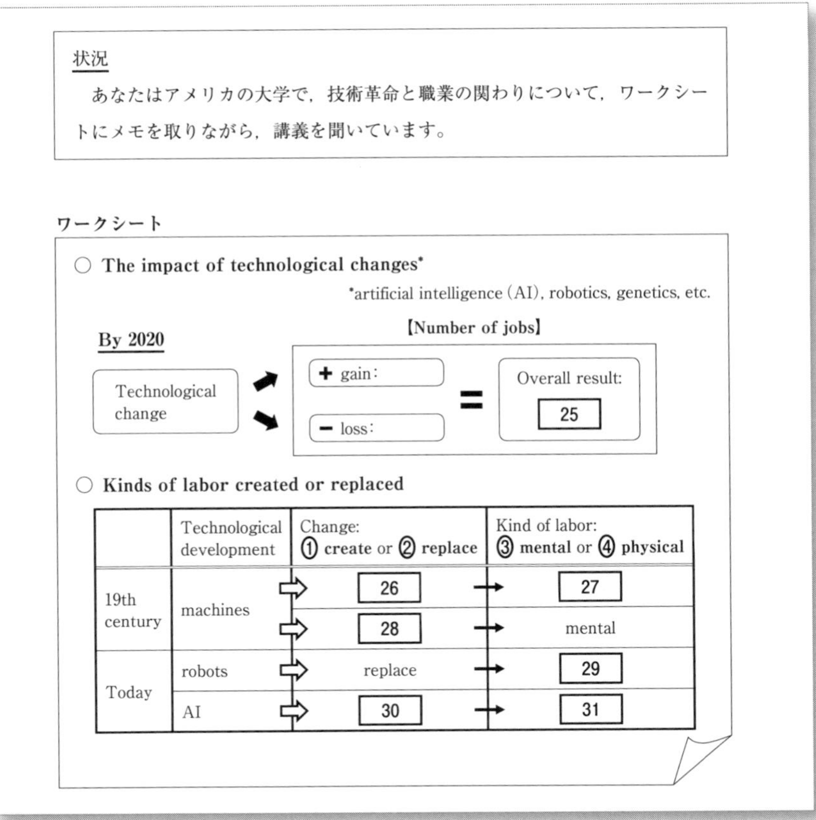

状況

あなたはアメリカの大学で，技術革命と職業の関わりについて，ワークシートにメモを取りながら，講義を聞いています。

ワークシート

○ **The impact of technological changes***

*artificial intelligence (AI), robotics, genetics, etc.

By 2020

【Number of jobs】

Technological change → ＋ gain：／ － loss： ＝ Overall result: 25

○ **Kinds of labor created or replaced**

	Technological development	Change: ① **create** or ② **replace**	Kind of labor: ③ **mental** or ④ **physical**
19th century	machines	26	27
		28	mental
Today	robots	replace	29
	AI	30	31

例 講義を聞き，それぞれの問いの答えとして最も適切なものを，選択肢のうちから選びなさい。状況と問いを読む時間（約60秒）が与えられた後，音声が流れます。**1回流します**。(2018)

問1 (a) ワークシートの空欄 25 にあてはめるのに最も適切なものを，六つの選択肢（①〜⑥）のうちから一つ選びなさい。

① a gain of 2 million jobs　② a loss of 2 million jobs
③ a gain of 5 million jobs　④ a loss of 5 million jobs
⑤ a gain of 7 million jobs　⑥ a loss of 7 million jobs

問1 (b) ワークシートの表の空欄 26 〜 31 にあてはめるのに最も適切なものを，四つの選択肢（①〜④）のうちから一つずつ選びなさい。選択肢は2回以上使ってもかまいません。

① create　② replace　③ mental　④ physical

＊下線は正解に対応する部分

What kind of career are you thinking about now? Research predicts developments in artificial intelligence, robotics, genetics, and other technologies will have a major impact on jobs. By 2020, two million jobs will be gained in the so-called STEM fields, that is, science, technology, engineering, and mathematics. At the same time, seven million other jobs will be lost.

This kind of thing has happened before. Jobs were lost in the 19th century when mass production started with the Industrial Revolution. Machines replaced physical labor, but mental labor like sales jobs was generated. Today, many people doing physical labor are worried that robots will take over their roles and that they will lose their current jobs. This time, the development of AI may even eliminate some jobs requiring mental labor as well.

Actually, we know that robots are already taking away blue-collar factory jobs in the US. Moreover, because of AI, skilled white-collar workers, or intellectual workers, are also at "high risk." For example, bank clerks are losing their jobs because computer programs now enable automatic banking services. Even news writers are in danger of losing their jobs as AI advances enough to do routine tasks such as producing simple news reports.

As I mentioned earlier, seven million jobs will be lost by 2020. Two-thirds of those losses will be office jobs. Since most office jobs are done by women, they will be particularly affected by this change. What's more, fewer women are working in the STEM fields, so they will benefit less from the growth in those fields.

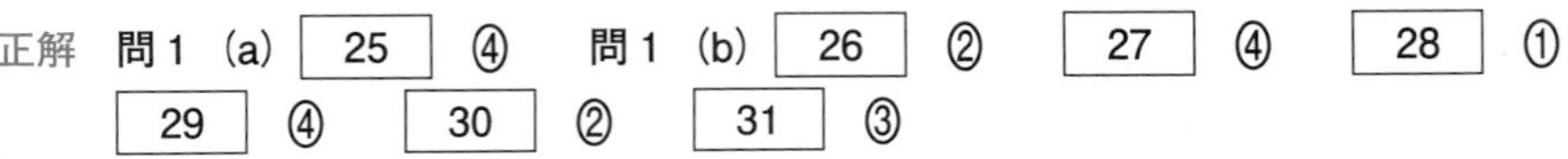
正解　**問1** (a) [25] ④　**問1** (b) [26] ②　[27] ④　[28] ①
[29] ④　[30] ②　[31] ③

問1 (a) [25]　第1パラグラフの two million jobs will be gained「200万の職が生まれる」と seven million other jobs will be lost.「700万の他の職が失われる」から全体（overall）では ④ a loss of 5 million jobs「500万の職が失われる」ことになる。

問1 (b) [26]～[31]　第2パラグラフの次の部分を聞き取れれば解答できる。[26], [27] Machines replaced physical labor「機械が肉体労働に取って代わった」, [28] mental labor like sales jobs was generated.「販売のような頭脳労働が生み出された」, [29] many people doing physical labor are worried that robots will take over their roles「肉体労働をしている多くの人が心配しているのがロボットが自分たちの仕事を乗っ取るのではないかということだ」, [30], [31] AI may even eliminate some jobs requiring mental labor as well.「AIが頭脳労働を必要とする職業さえも奪うかもしれない」 また第3パラグラフには，これらの懸念や予想が現実化していることが述べられている。

◆リスニング力を高めるには？◆

本書のような問題集で本番と同じように問題を解く練習を積むことはもちろん重要だが，それ以外に普段からやれるリスニング力強化法の例をあげておく。

● 電子辞書で単語の発音を確認

単語の発音があやふやでは文を聞き取れるはずがない。電子辞書の最大の利点は単語の発音を聞けることだ。高度な単語は言うまでもないが，基本的な単語も音声を聞くとわからないことが意外に多いものだ。単語を引いたら発音もいっしょに確認する習慣をつけよう。

● 音の変化・結合のしかたを知る

単語は実際の文の中では他の語とくっつけて発音されるため，音がつながったり，変化したり，弱まったりして聞き取れなくなることが多い。音の結合と変化のルールは別冊【問題編】p. 5に解説したのでよく読んで覚えておこう。

● 英文の書き取りで弱点を発見しよう

テスト問題を解いて終わりにするのではなく，テストの英文を少しずつ聴いてはポーズを入れ，フレーズごとにノートに書き取ってみよう。実際のテストには書き取りがあるわけではないが，英文を書き取ってみると自分がどこを聞き取れないのかがよくわかる。1回でわからないところも，あきらめず，最低3度は聴いてみよう。そのあとスクリプトを見て答え合わせをすると「なんだ，この単語だったのか！」「このフレーズは連結するとこう聞こえるのか！」というような発見ができるだろう。このような経験を重ねることで聞き取り能力は確実に強化される。さらに，聞こえてくる英語に対する集中力が強化されるのも，書き取り学習の大きなメリットだ。

● 同じ英文を何度も何度も聴く

「たくさんの英語を聞き流すといい」と言う人がいるが，それはかなり上級者用の勉強法だろう。初心者は同じ英文を何十回も集中して聴くほうがよい。聴く英語はテストの音声でもいいし，自分の好きな他の教材でもいい。使われている単語と文の意味がすべてはっきり認識できるようになるまでくり返し聴いてみよう。

● スピードを変えてみる

リスニングが苦手で，テストの英語が速すぎると感じる人は，初めのうちは再生アプリの速度調節を使って少し遅くして聴いてみてはどうだろう。逆に，慣れてきた人はスピードを少し上げて何度か聴いてみるとよい。元の速さにもどしたとき，うそのように簡単に感じるかもしれない。速度調節機能をトレーニングにうまく利用しよう。

● シャドウイングは必要か？

「自分で発音できるものは聞き取れる」というのは事実である。シャドウイング，つまり英語を聴き少し遅れてそれをまねるという練習は，リスニングとスピーキングを同時にトレーニングする効果的な方法として有名だが，これは同時通訳者の訓練としてよく行われているものだ。とりあえず共通テストが目標という受験生は，長い英文にずっとシャドウイングでついていくというようなハードな練習は必要ないだろう（そもそもできる人があまりいないだろう）。シャドウイングをやるなら，1文ごとに，あるいは長い文ならいくつかにくぎって音声をとめてから，音の変化や連結も確実にリピートするというやり方のほうがよい。

●「聴き読み」のすすめ

最初から聴くだけで英文を理解するのがむずかしいなら，スクリプトを目で追いながら聴くとよい。これはL－R（= Listening-Reading）Methodと言われるやり方で，リスニングのトレーニングになるだけでなく，英語を前から順に読んでいく習慣もつくので，速読の練習にもなる一石二鳥のメソッドだ。集中して聴かないとどこを読んでいるのかわからなくなるので，自然に集中力の強化にもなる。

第１回　実戦問題

解答一覧

（100 点満点）

問題番号（配点）	設問		解答番号	正解	配点	自己採点欄
第１問（25）	A	1	1	④	4	
		2	2	②	4	
		3	3	②	4	
		4	4	③	4	
	B	5	5	③	3	
		6	6	②	3	
		7	7	③	3	
小　計						
第２問（16）	8		8	②	4	
	9		9	②	4	
	10		10	②	4	
	11		11	①	4	
小　計						
第３問（18）	12		12	②	3	
	13		13	④	3	
	14		14	②	3	
	15		15	③	3	
	16		16	①	3	
	17		17	②	3	
小　計						

（注）　＊は，全部正解の場合のみ点を与える。

問題番号（配点）	設問		解答番号	正解	配点	自己採点欄
第４問（12）	A	18	18	②	4＊	
		19	19	③		
		20	20	①		
		21	21	④		
		22	22	①	1	
		23	23	⑤	1	
		24	24	②	1	
		25	25	③	1	
	B	26	26	④	4	
小　計						
第５問（15）	27		27	③	3	
	28		28	②	2＊	
	29		29	①		
	30		30	④	2＊	
	31		31	⑥		
	32		32	④	4	
	33		33	①	4	
第６問（14）	A	34	34	①	3	
		35	35	④	3	
	B	36	36	①	4	
		37	37	②	4	
小　計						
合　計						

設問解説

第 1 問 A

01-01 表題

01-02 第 1 問 A〈日本語指示文〉

問 1 01-03

Would you like me to help you find the hospital?

訳

病院を見つけるのを私に手伝ってほしいですか。

① 話し手はすでに病院を見つけた。
② 話し手は病院を見つける手助けを求めている。
③ 話し手は病院を探している。
④ 話し手は病院を見つける手助けをすると申し出ている。

正　解　④

解　説　would like A to V は「A に V してほしい」, help A + V は「A が V するのを手伝う」。話し手は「あなたが病院を見つけるのを私に手伝ってほしいですか」とたずねているから ④ が正解。

問 2 01-04

Ms. Reed, I'd appreciate it if you could let me know what's going on.

訳

リードさん，何が起きているのか私に教えていただけるとありがたいのですが。

① 話し手は自分がしたことを彼女に謝っている。
② 話し手は彼女に今の状況についての情報を求めている。
③ 話し手は彼女に問題の説明をしてもらったことで礼を言っている。
④ 話し手は彼女に何が起きているかについて話そうとしている。

正　解　②

解　説　I would appreciate it if you could V は「もしあなたが V できるなら私はそれをありがたく思うだろう」が直訳で，ていねいな依頼によく使われる表現。let A know B は「A に B を知らせる，教える」, what is going on は「何が起きているか」。全体では ② に近い意味になる。

♪ go**ing on** はつながって「ゴウイノン」のように聞こえる。

問3　01-05

It was such a great weekend until I found my cell phone missing.

訳

携帯電話がないことに気づくまではすばらしい週末だった。

① 私はなくした携帯電話をその週末に見つけた。
② 私はその週末に携帯電話をなくした。
③ 週末の間ずっと携帯電話を使えないので本当に困った。
④ なくした携帯電話を見つけたのでよい週末だった。

正解　②

解説　find A missing は「A がなくなっているのに気づく（= find that A is missing）」という意味。よってこの文に含まれる意味は②の「週末に携帯電話をなくした」である。find my missing cell phone「なくした携帯を見つける」とは意味が全くちがうので注意しよう。③は，週末のはじめから携帯がなかったわけではないので意味が異なる。

問4　01-06

Excuse me, but could you show me where we are now on this map?

訳

すみませんが，ここはどこなのかこの地図で教えていただけますか。

① 話し手は地図を見せてほしいとだれかに頼んでいる。
② 話し手は地図はどこで手に入るかをだれかにたずねている。
③ 話し手は道に迷ってだれかに道をたずねている。
④ 話し手はだれかが道順を知る手助けをしようとしている。

正解　③

解説　where we are「私たちはどこにいるか」は「ここはどこか」という意味を表す。今自分たちがいる場所をたずねているということは，話し手は道に迷っていることを示す。よって③が正解。

第 1 問 B

01-07 第 1 問 B〈日本語指示文〉

問 5 01-08

The woman is putting on glasses at the table.

訳

女性がテーブルでめがねをかけようとしている。

①　②　③　④

正解　③

解説　glasses には「めがね」と「グラス」の 2 つの意味があることに注意しよう。put A on は「A を身につける」という動作を表し，その進行形は A を身につける動作が進行中であることを意味する。したがって ③ が正解。wear A は「A を身につけた状態にある」ことを示す。④ に対応する英語は The woman wears [is wearing] glasses at the table. となる。① は The woman has put glasses on the table. であり，② は The woman is putting glasses on the table. である。

♪ putting の [t] は母音ではさまれているので「プリン」のように聞こえる。→❺

問 6 01-09

Albert took an umbrella with him but it turned out not to be necessary.

訳

アルバートはかさを持って出かけたが，それは必要がないとわかった。

①　②　③　④

正　解　②

解　説　turn out to be A「(あとで) Aだと判明する」。かさを持っているのに，さす必要がない［雨が降っていない］のは②の絵の状況である。

♪ too**k an um**brella がつながり「トゥ**カナン**ブレラ」のように聞こえる。→❹

問7　01-10

Rocket A is a little less than twice as tall as rocket B.

訳

ロケットAはロケットBの２倍に少し足りない高さだ。

①
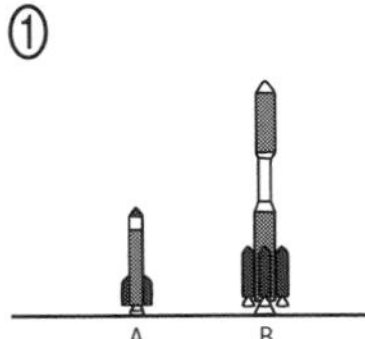

②
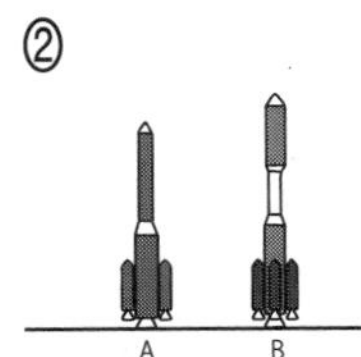

❸
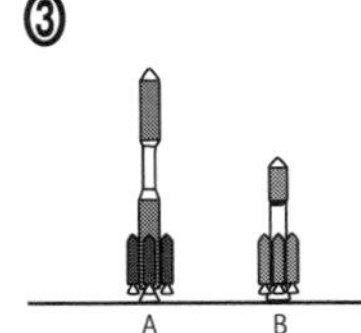

④
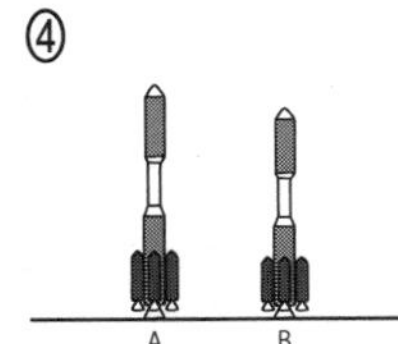

正　解　③

解　説　twice as tall as ～は「～の２倍の高さだ」。a little less than ～は「～より少し少なく」なのでa little less than twice as tall as ～は「２倍に少し足りない高さ」となる。

第2問

🔊 01-11 第２問〈日本語指示文〉

問 8 🔊 01-12

M：Could you explain the wildlife situation on the island?

W：OK. The number of deer has been steadily rising for the past four years.

M：How about the population of bears?

W：It's been relatively stable.

Question：Which graph best matches the student's explanation?

訳

男性：この島の野生生物の状態を説明してもらえますか。

女性：はい。シカの数はこの４年間着実に増えてきています。

男性：クマの個体数はどうですか。

女性：比較的安定しています。

問い：どのグラフが学生の説明にもっともよく合っているか。

①
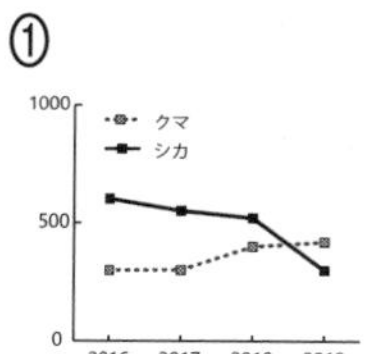

②
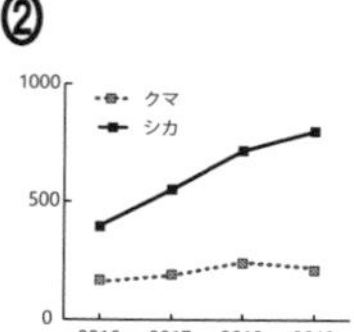

③
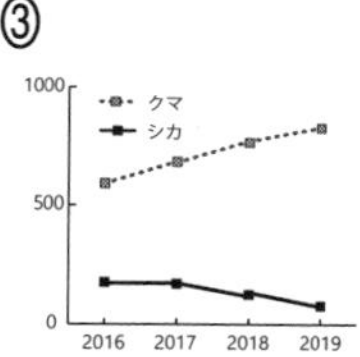

④
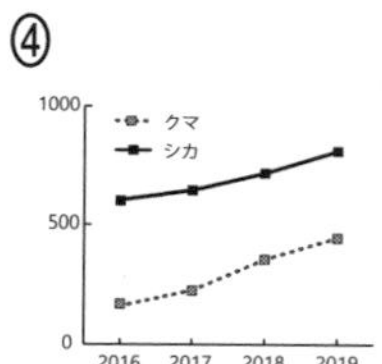

正解　②

解説　シカの数が着実に増え，クマの数が安定していることを示すのは②のグラフ。wildlife は野生の生物を集合的に指す語。has been steadily rising は「着実に増えてきた」，for the past four years は「過去４年間」。population は「人口」だけでなく，動物の数の意味でも使う。relatively「比較的」，stable「安定している」。このような統計の説明によく使われる表現を覚えておこう。

問 9 🔊 01-13

M：What is that stone shaped like the letter C for?

W：You mean, the green bracelet over there?

M：No, the stone with a hole at the end.

W：Oh, it was worn as a part of a necklace, I guess.

Question：Which item are they talking about?

訳

男性：あのＣの字みたいな形の石はなんのために使うもの？

女性：あそこの緑の腕輪のこと？

男性：ちがうよ，端に穴がある石だよ。

女性：ああ，それは首かざりの一部として身につけたものだと思う。

問い：２人はどの展示品の話をしているか。

①　　②　　③　　④

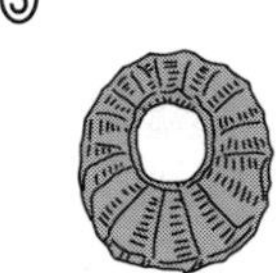

正 解　②

解 説　Ｃの字に似た物は①と②の２つあるが，with a hole at the end「端に穴がある」を聞き取れれば②だとわかる。

♪ What is はつながって「ウァリズ」のように聞こえる。letter は「レラ」のように聞こえる。→❺

問 10　　01-14

M：I think I'll be able to walk and drive in a week.

W：Good. I thought you were a good skier.

M：I am, but I was just absent-minded for a moment.

W：Well, next time, look out for trees!

M：Thanks, I will.

Question：How did the man get hurt?

訳

男性：１週間で歩いたり運転したりできるようになると思う。

女性：よかったね。私，あなたはスキーがうまいと思っていた。

男性：うまいよ。でも一瞬ぼうっとしていただけ。

女性：そうね，今度は木に注意してね。

男性：ありがとう，そうするよ。

問い：男性はどのようにしてけがをしたか。

正解 ②

解説 「あなたはスキーがうまいと思っていた」からスキーをしていて事故にあったことがわかり，「今度は木に注意してね」というせりふから木にぶつかってけがをしたことが推量できる。よって②が正解。absent-minded「ぼうっとした，ぼんやりした」，look out for A「A に気をつける」。

♪ **in a** は「**イナ**」と聞こえる。→❹
but **I** は「バ**ライ**」のように聞こえる。→❺

問 11 01-15

M：Excuse me, could you tell me how to get to the zoo?
W：The zoo? Go straight ahead through the arcade.
M：That arcade over there?
W：Yes. When you come out, turn left and cross the bridge.
Question：Where is the conversation taking place?

訳

男性：すみません，動物園への行き方を教えていただけますか。
女性：動物園？　まっすぐ行ってアーケードを抜けてください。
男性：あそこのアーケードですか。
女性：はい。外に出たら，左にまがって橋を渡ってください。
問い：この会話はどこで行われているか。

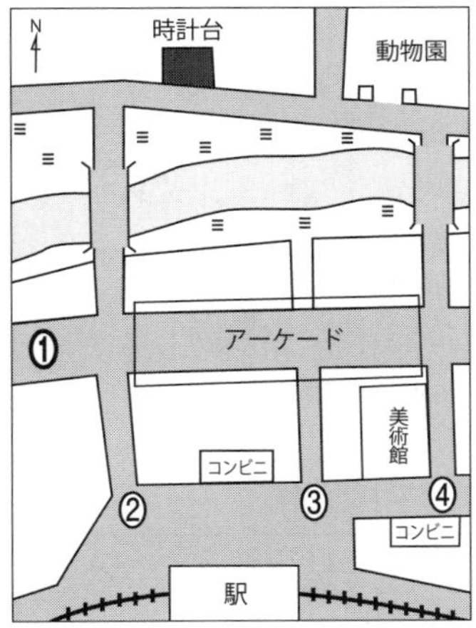

正　解　①

解　説　女性の最初のせりふからまっすぐ進んでアーケードを抜けられる位置に２人がいることがわかる。また最後の女性のせりふからアーケードを出て左に行き，橋を渡ると動物園に着くことがわかる。これらの点から①が正解となる。

第３問

01-16 第３問〈日本語指示文〉

問 12 01-17

M：Excuse me, could you help me find my seat?

W：Of course, sir. May I have your boarding pass, please?

M：Here you are.

W：OK, this way, please. Your seat is over there, next to the window.

M：I see. Thank you.

W：Not at all, sir.

訳

男性：すみません，席を見つけるのを手伝っていただけますか。

女性：承知いたしました。搭乗券を見せていただけますか。

男性：これです。

女性：はい，こちらへどうぞ。お席はあちらです，窓際です。

男性：わかりました。ありがとう。

女性：どういたしまして。

問い：２人はどこで話しているか。

① ホテルの中。

❷ 飛行機の中。

③ レストランの中。

④ 劇場の中。

正　解　②

解　説　女性の最初のせりふにある boarding pass「（飛行機の）搭乗券」が決め手。搭乗券に書かれた席の番号を見て客室乗務員（flight attendant）の女性が乗客を案内している場面である。

♪ Not at all は「ナ**ラ**ロール」のように聞こえる。→❺

問 13 01-18

W：Paul, have you been using my scissors?

M：No, Mom. I saw them lying by the bookshelf.

W：Whenever I need something, I have to look for it first. It drives me crazy.

M：It’s not my fault. You should put things back where they belong.

訳

女性：ポール，私のはさみを使ってた？

男性：ううん。本棚のそばに置いてあるのを見たよ。

女性：何か要るたびにまずそれを探さないといけない。頭にくるわ。

男性：ぼくのせいじゃないよ。物はもとあったところにもどさないと。

問い：なぜ女性は怒っているのか。

① 息子が物をあるべき場所にもどさない。

② 息子が物をなくしてばかりいる。

③ 息子がはさみを使ってもとにもどさなかった。

④ はさみが要るのに見つからない。

正　解　④

解　説　女性の最初のせりふから彼女がはさみを探していることがわかる。2つめのせりふからは，必要なものが見つからないので怒っていることがわかる。drive A crazy は「A を怒らせる」という意味。

問 14　01-19

M：What is the admission fee to the Museum of Modern Art?

W：It was ten dollars last year, but they raised it to twelve dollars recently.

M：Anyway, I think we should buy the tickets in advance. It must be crowded on Saturdays.

W：All right, just a second. Hey, look! If you book online, it's two dollars off per ticket.

M：That's great!

訳

男性：近代美術館の入場料はいくらする？

女性：去年は 10 ドルだったけど最近 12 ドルに値上げしたわ。

男性：とにかく前もって入場券を買うほうがいいと思う。土曜日はきっと混むから。

女性：わかった，ちょっと待って。あら，見て。オンラインで予約すると1枚2ドル引きよ。

男性：それはいいな。

問い：2人が近代美術館に入るのにいくらかかるか。

① 18 ドル

② 20 ドル

③ 22ドル
④ 24ドル

正解 ②

解説 女性の最初のせりふから現在入場料は12ドルであることがわかる。次に女性の2つめのせりふから，オンラインで予約するとひとりにつき2ドル割引があることがわかり，そのあと男性が「それはいい」と言っていることから2人はオンラインで予約するだろうと推測できる。したがって2人で20ドルになる。

問15 01-20

W：Can I watch tonight's drama?
M：But a concert by my favorite band is starting in a few minutes!
W：Can't you record it and watch it later?
M：Why don't you record your drama instead? The concert will last about two hours, and the HDD is almost full.
W：Fine. I'll record it, then.

訳
女性：今夜のドラマ見ていい？
男性：でももうすぐぼくの好きなバンドのコンサートが始まるんだ。
女性：それ録画してあとで見てくれない？
男性：君が見るドラマを録画したら？ コンサートは2時間ぐらいあるけどHDDがほとんどいっぱいなんだ。
女性：わかった。私が録画するわ。
問い：男性は何をすると思われるか。
① コンサートを見るのを途中でやめる。
② ドラマを録画する。
③ コンサートを見る。
④ 女性といっしょにドラマを見る。

正解 ③

解説 女性が2つめのせりふでコンサートを録画することを提案するが，そのあと男性にHDD（ハードディスクドライブ）がほとんどいっぱいなのでコンサートを録画できないと言われ，それに対して女性は自分がドラマを録画すると言っている。したがって男性はそのままコンサートを見ることになる。

♪ later は「レイ**ラ**」のように聞こえる。→❺

問 16　01-21

W：How was your trip to Mt. Palace?

M：The view from the cable car was great, but I couldn't climb to the top.

W：Ah, some people get sick on high mountains.

M：I was just unlucky. Suddenly I could see nothing but fog.

訳

女性：マウント・パラスへの旅行はどうだった？

男性：ケーブルカーから見た景色は素晴らしかった。でも山頂には登れなかったんだ。

女性：ああ，高山では気分が悪くなる人もいるわね。

男性：運が悪かっただけなんだ。突然，霧しか見えなくなったんだよ。

問い：この男子学生は何によって，登山をあきらめたのか。

① 悪天候

② ケーブルカーの故障

③ 病気

④ ケガ

正解　①

解説　男性が最初のせりふで山頂に登れなかったと言ったのに対して，女性が２つめのせりふで「高山では気分が悪くなる人もいるわね」と言っていることから，彼女は男性が気分が悪くなって登頂をあきらめたと思っていることがわかる。しかし男性はそれに対し「運が悪かっただけなんだ。突然，霧しか見えなくなったんだよ」と言っているので，彼が山頂に登れなかった本当の理由は①の「悪天候」だったことがわかる。

♪ この問いには could't と could が出てくるが，couldn't の [d] はあとの [n] と結びついて鼻に抜けるような発音になり，聞こえにくい。また最後の t もはっきり聞こえないことが多いので could との区別に注意しよう。

問 17　01-22

W：How's life in Japan?

M：I'm not used to the cold November because I'm from Latin America, the other side of the world.

W：How about English class?

M：We speak Portuguese in my country. Unlike Canadian and Australian students, English is still difficult for me.

訳

女性：日本での生活はどう？

男性：11月が寒いのには慣れないよ。僕の出身地はラテンアメリカで，地球の裏側だからね。

女性：英語の授業はどう？

男性：僕の国ではポルトガル語が話されている。カナダやオーストラリアの学生と違って，いまだに英語は難しいよ。

問い：この男子学生はどの国から来ているか。

① オーストラリア

② ブラジル

③ カナダ

④ ポルトガル

正解　②

解説　対話にはさまざまな国が出てくるが，男性の最初のせりふ「僕の出身地はラテンアメリカ」から正解は②のブラジルであるとわかる。彼の2つめのせりふの「僕の国ではポルトガル語（Portuguese）が話されている」と言っているのもヒントになる。

♪ use**d to** の発音に注意しよう。[d] と [t] が一体化して「ユー**スタ**」のように聞こえる。→❻

第4問A

01-23 第4問A〈日本語指示文〉

問18～21　01-24

The most popular video this week is the Major League Baseball winning pitcher interview with 1,300,000 views. A famous actress morning routine video has been viewed 316,000 times. Surprisingly, a live show of a new comedian has received 613,000 views. The fourth most is a funny animals' video viewed 130,000 times. We also had the Earth Summit this week, but unfortunately the speech video has received only about half as many views as the animals'.

訳

今週最も人気の動画はメジャーリーグ優勝投手のインタビューで，130万回視聴されています。有名女優の朝の習慣の動画は31万6,000回見られました。驚くことに，新人のコメディアンのライブショーが61万3,000回見られました。4番目に人気なのは動物のおもしろい動画で13万回見られました。今週は地球サミットもありましたが，残念ながらそのスピーチ動画は，動物の動画の半数くらいしか見られていません。

① 動物のおもしろい瞬間
② 新人コメディアンのライブショー
③ 女優の朝の習慣
④ 地球サミットでのスピーチ

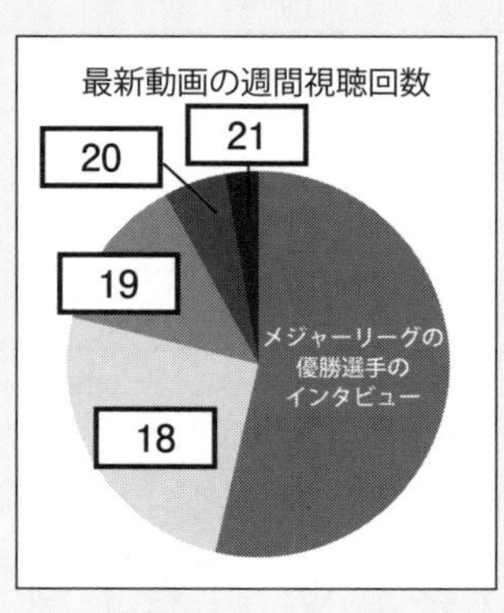

正解　18 ②　19 ③　20 ①　21 ④

解説　グラフの5つの区分の大きさを視覚的にとらえ，それと読みあげられる数字を対応させて考える必要がある。説明は大きさの順でされるとは限らないので注意しよう。1位の「メジャーリーグの優勝投手のインタビュー」はすでにグラフに記入されているので，これを基準にしてそのほかの項目の占める割合を見ていくとわかりやすいだろう。4位が動物の動画，スピーチはその半分くらいと述べられているので 20 は①，21 は④が正解となる。あとは「有名女優の朝の習慣」31万6,000回，「コメディアンのライブショー」61万3,000回が聞き取れれば 19 は③，18 は②であるとわかる。

01-25〈日本語指示文〉

問 22 ～ 25 01-26

Next week, we're having a special sale on three of our most popular items. Normally, our chocolate cake is six dollars apiece, but next week one piece will be five dollars. Our cheesecake is five dollars apiece now, but all next week there will be a 20% discount. Our cream puffs are two dollars each now. Next week you can buy four for just seven dollars.

訳

来週，私たちは最も人気のある商品のうち３つについて特別セールを行います。通常チョコレートケーキは，１個６ドルですが，来週は１個５ドルになります。チーズケーキは現在１個５ドルですが，来週中は20%の値引きとなります。シュークリームは，現在１個で２ドルです。来週は４個７ドルで買えます。

① ２ドル　② ４ドル　③ ５ドル　④ ６ドル　⑤ ７ドル

商品		価格	
シュークリーム	現在	22	/個
	来週	23	/4個
チーズケーキ	現在	５ドル	/個
	来週	24	/個
チョコレートケーキ	現在	６ドル	/個
	来週	25	/個

正解　22 ①　23 ⑤　24 ②　25 ③

解説　cream puff「シュークリーム」については，第４～最終文に現在１個２ドル（ 22 ）で，来週は４個で７ドル（ 23 ）とまとめ買いの場合について述べられている。これに対して，チョコレートケーキとチーズケーキは，現在の価格と来週の価格が述べられているが，チョコレートケーキは１個６ドルが１個５ドル（ 25 ）になる。チーズケーキは，現在の５ドルから，来週中は20%の値引きなので，４ドル（ 24 ）になる。

♪ 20が「トゥエニ」に聞こえる。→❻

語句
- □ item「商品，品目」
- □ apiece「１個につき」
- □ discount「値引き」
- □ cream puff「シュークリーム」

第４問Ｂ

01-27 第４問Ｂ〈日本語指示文〉

問 26　01-28

1. I strongly recommend Tour #1. You'll visit more than five places of interest, including the fish market and the ruins of the oldest church. What I liked most was Angel Falls. So beautiful! The tour starts at 2 p.m. and lasts for about five hours. It costs forty dollars.
2. I'm sure you'll like Tour #2. It's a three-hour daytime cruise. You can enjoy both a delicious seafood lunch and a magnificent view of White Cliff. To really understand how huge this cliff is, you must see it from the ocean. I paid sixty dollars for the tour, but it was worth it.
3. If you are interested in the history of the island, you must join Tour #3. It is a free, two-hour walking tour that starts at 1 p.m. First, you'll visit St. George's Cathedral. The beauty of the stained glass is really beyond words. After that, you'll visit the History Museum with very informative volunteer guides. You'll certainly learn a lot about the island's history in just two short hours.
4. Tour #4 starts at 10 a.m. You'll visit four places of interest. The last destination is Mt. Isa, where you can have lunch at the mountaintop restaurant while enjoying the beautiful scenery. You'll come back to the starting point by 1:30, so, if you wish, you can continue on to Tour #1. Tour #4 costs twenty-five dollars. Lunch is not included.

訳

1. 私はツアー１を強くお勧めします。魚市場や最古の教会の遺跡など６ヵ所以上の興味深い場所を訪れます。私が一番気に入ったのは，エンジェルフォール（天使の滝）です。とても美しいです。ツアーは午後２時に始まり，５時間ほど続きます。40 ドルです。
2. ツアー２をきっと気に入ると思います。３時間のデイタイムクルーズです。おいしいシーフードランチとホワイトクリフの壮大な景色の両方を楽しめます。この崖がいかに大きいかを本当に理解するには，海から見るべきです。ツアーに 60 ドル払いましたが，その価値はありました。
3. 島の歴史に興味があるなら，ツアー３に参加すべきです。無料の２時間のウォーキングツアーで，午後１時に始まります。まず，聖ジョージ大聖堂を訪れます。ステンドグラスの美しさは本当に言葉で表現できません。その後，歴史博物館を訪問しますが，ボランティアのガイドはとても参考になります。わずか２時間で島の歴史について確実に多くを学べます。

4. ツアー4は午前10時に始まります。4ヵ所の興味深い場所を訪れます。最後に行くのがマウント・アイザで，山頂のレストランで，美しい景色を楽しみながら，ランチを食べます。出発地点に1時半までにもどってくるので，希望すれば，続けてツアー1に参加できます。ツアー4は25ドルです。ランチ代は含まれていません。

問い：あなたが選ぶ可能性が最も高いツアーは 26 である。

正解 ④

解説 上の訳の内容を表にまとめると次のようになる。

	条件A	条件B	条件C
① ツアー1	○	×	○
② ツアー2	○	○	×
③ ツアー3	×	○	○
④ ツアー4	○	○	○

条件A〜C（A. きれいな景色が見られる，B. 夕方5時までに終了する，C. 料金は50ドル以内）について判断すると，①第5文 ... starts at 2 p.m. and lasts for about five hours. から終了は7時以降で条件Bに該当しない。②料金が60ドルなのでCの50ドル以内という条件を満たさない。③「ステンドグラスの美しさ」は景色の美しさではない。その他の部分からも条件A「きれいな景色が見られる」についての言及がないので該当しない。条件すべて（訳の下線部分）を満たしているのは④（ツアー4）。

♪ 2. はイギリス英語。tour を [tɔ́ː]「**トー**」と発音している。他の人はアメリカ・カナダ系で，tour を [túər] と発音している。アメリカ英語の [uər] はイギリス英語では [ɔː] になることが多い。たとえば your が [jɔ́ː]「**ヨー**」，poor が [pɔ́ː]「**ポー**」になる。

語句
- □ of interest「興味深い，興味のある」
- □ ruin「遺跡」
- □ Angel Falls「エンジェルフォール，アンヘル滝」
- □ magnificent「壮大な，堂々とした」
- □ White Cliff「ホワイトクリフ，ドーヴァー海峡の白い崖」
- □ St. George's Cathedral「聖ジョージ大聖堂」
- □ stained glass「ステンドグラス」
- □ beyond words「言葉では言い表せない，言葉で表現できない」
- □ scenery「景色，風景」

第5問

01-29 第5問〈日本語指示文〉

問 27 ～ 32　01-30

The importance of wind power generation is steadily growing in the world. In Denmark, for example, as much as 44.4 percent of its electricity demand was covered by wind in 2017. Now, wind is the most important source of energy among all renewable energy resources.

There are two common energy resources: thermal power and hydro power. With regard to efficiency, the energy conversion efficiency of wind power generation is about 20～40%. That of thermal power generation is about 30～40%. The most efficient electric generation is by hydro power, at about 80%. Despite lower efficiency, producing electricity by wind still has certain advantages. Above all, it is as environmentally friendly and renewable as hydro power. Unlike thermal power generation, no carbon dioxide or other harmful chemicals are emitted as no fossil fuel is burnt. For wind power generation, what you need is just wind.

Of course, there are some disadvantages. The most obvious one is that no electricity is produced if there is little or no wind. So it is essential to find the right place to build power stations, where a constant flow of wind can be expected all year-round.

Wind power generation is widespread in European countries. As I mentioned earlier, more than 40 percent of electricity is produced by wind in Denmark. That country has the largest company in this field in the world, called Vestas. Now, wind power generation is one of the most important industries in the country.

訳

風力発電の重要性は，世界でますます高まりつつあります。たとえば，デンマークでは，2017年に電力需要の44.4％もが風力でまかなわれました。現在，風力は，すべての再生可能エネルギー資源の中で，最も重要なエネルギー源です。

2つの一般的なエネルギー源があります。火力と水力です。効率については，風力発電のエネルギー変換効率は約20～40％です。火力発電の効率は約30～40％です。最も効率の良い発電は水力によるもので，約80％です。効率は低めですが，風力で電気を作ることにはやはりいくつかの利点があります。なによりも，水力と同様環境にやさしく，再生可能です。火力発電とはちがい，化石燃料を燃やすことがないので，二酸化炭素や他の有害化学物質が排出されることはありません。風力発電をするのに必要なのは風だけです。

もちろん，不都合な点もあります。最も明らかなのは，風がほとんどまたは全くないと発電することができません。ですので，風が絶えずふくことが1年中期待できる，発電所の建設に適切な場所を見つけることが不可欠です。

風力発電は，ヨーロッパの国々で広がっています。私が先ほど言及したように，デンマークでは，40%を超える電力が風力でまかなわれています。デンマークには，この分野で世界最大の会社，ベスタスがあります。現在，風力発電は，この国で最も重要な産業の1つです。

ワークシート

○風力発電の重要性　ますます高まりつつある

デンマークでは，2017年に電力の 27 が風力でまかなわれた

○風力発電の利点

	必要なもの	排出されるもの	効率
風力発電	風	28	30
火力発電	化石燃料	29	30～40%
水力発電	水	有害物質なし	31

問 27

訳

① 約5%
② 約4分の1
③ 半分近く
④ 半分超

正解 ③

解説 第1パラグラフ第2文 as much as 44.4 percent of its electricity demand was covered by wind「電力需要の44.4%もが風力でまかなわれました」より，③の「半分近く」が正解とわかる。この as much as ～は量が多いことを強調する表現で，「～ほども多く」という意味。なお，nearly ～は「～近く（= almost）」で，～には達していないことを表す。一方，about ～は「およそ～，～前後」だ。統計のデータの説明ではこのちがいに注意しよう。

問28～31

訳

① CO_2　② 有害物質なし　③ 再生可能エネルギー
④ 20～40%　⑤ 40%を超える　⑥ 80%

正解　28 ②　29 ①　30 ④　31 ⑥

解説　30 , 31 のエネルギー変換効率については，第2パラグラフ第2～4文に the energy conversion efficiency of wind power generation is about 20～40%. That of thermal power generation is about 30～40%. The most efficient electric generation is by hydro power, at about 80%.「風力発電のエネルギー変換効率は約20～40%です。火力発電の効率は約30～40%です。最も効率の良い発電は水力によるもので，約80%です」と述べられている。また第2パラグラフの最後から2つめの文 Unlike thermal power generation, no carbon dioxide or other harmful chemicals are emitted as no fossil fuel is burnt.「(風力発電は) 火力発電とはちがい，化石燃料を燃やすことがないので，二酸化炭素や他の有害化学物質が排出されることはありません」から， 28 ， 29 はそれぞれ ② nothing harmful「有害物質なし」，① CO_2 ＝二酸化炭素が入るとわかる。

問32

訳

① 風力発電では，化石燃料はわずかしか燃やされない。
② 実際には，風力発電には不都合な点はない。
③ 火力発電の重要性はますます増大しつつある。
④ 世界最大の風力発電会社はデンマークにある。

正解　④

解説　①は第2パラグラフ最後から2つめの Unlike thermal power generation, no carbon dioxide or other harmful chemicals are emitted as no fossil fuel is burnt.「(風力発電は) 火力発電とはちがい，化石燃料を燃やすことがないので，二酸化炭素や他の有害化学物質が排出されることはありません」より誤りと判断できる。②は第3パラグラフ第1文 Of course, there are some disadvantages.「もちろん，不都合な点もあります」より誤りとわかる。③は第1パラグラフ第1文 The importance of wind power generation is steadily growing in the world.「風力発電の重要性は，世界でますます高まりつつあります」とあることから，またその他の部分にも火力発電の重要性が増大していることについての言及はないことから，誤りだとわかる。④が正解。

第 4 パラグラフ第 3 文の That country (= Denmark) has the largest company in this field in the world, called Vestas.「デンマークには，この分野で世界最大の会社，ベスタスがあります」から判断して正しい。

♪ 20 は「トゥエ**ニ**」，40 は「フォー**リ**」に聞こえる。→❻，❺
That of「ザ**ロ**ヴ」，at about「ア**ラ**バウト」，one of the「ワ**ノ**(ヴ)ザ」にも注意。→❺，❹

語句
- □ as much as「～ほども多く」
- □ source of energy「エネルギー源」
- □ renewable energy resource「再生可能エネルギー資源」
- □ thermal power generation「火力発電」
- □ advantage「利点」
- □ carbon dioxide「二酸化炭素」
- □ emit「～を排出する」
- □ fossil fuel「化石燃料」
- □ disadvantage「不都合な点，欠点」
- □ constant「持続する，絶えず続く」
- □ flow「流れ」
- □ widespread「(広い範囲に) 広がった」

問 33　01-31

Now, let's look at a graph that shows the share of wind power generation in some countries other than Denmark. As you can see, the share of wind power in the U.S. is much lower, compared to some European countries. But actually, it went up from 5.5 percent in 2016 to 6.3 percent in 2017. I believe the share will continue to go up rapidly, at least for the next few years.

訳

では，デンマーク以外のいくつかの国の風力発電の比率を示すグラフを見てみましょう。ご覧いただけるように，米国での風力発電の比率は，ヨーロッパの国々と比較して，ずっと低いです。しかし，実際は，2016 年の 5.5％から 2017 年の 6.3％に増加しています。比率は，少なくとも今後数年間，急速に増大し続けると信じています。

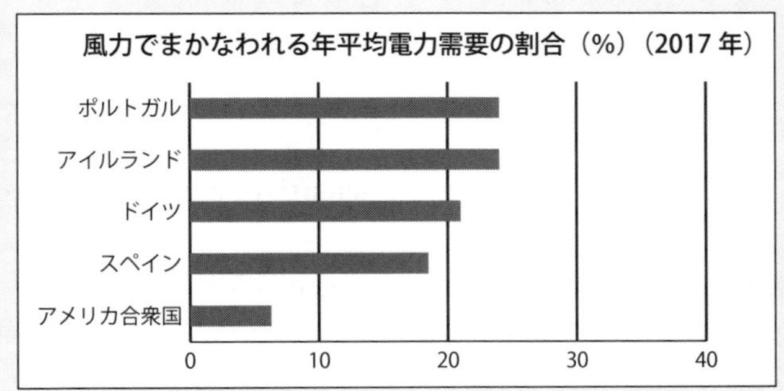

① **米国の風力発電産業は成長する可能性が大いにある。**
② 米国では風力発電所の建設に適切な土地を見つけることはヨーロッパより難しい。
③ デンマークの風力発電の比率は将来低下するだろう。
④ 米国が風力発電でヨーロッパの国々に追いつくことは決してないだろう。

正　解　①

解　説　講義の続きの最終文 I believe the share will continue to go up rapidly, at least for the next few years.「（米国の）比率は，少なくとも今後数年間，急速に増大し続けると信じています」から①が正解とわかる。②については，風力発電所の建設に適切な土地を見つけることの難易度に関する米国とヨーロッパの比較については述べられていない。③については言及がない。④のような内容もどこにも述べられていない。

語句　□ compared to A「A と比較して，A に比べて」
□ rapidly「急速に」

第6問 A

01-32 第６問 A〈日本語指示文〉

問 34・35 01-33

Meg：Have you read this article? Genetic scientists are trying to revive extinct birds.

Ted：Yeah, I know that, but I'm not sure it is a good idea.

Meg：Why not? Isn't it great that we can make up for the mistakes our ancestors made?

Ted：Yeah, the technology is impressive, but the revived birds might disturb the environmental balance as an alien species.

Meg：They are not aliens! They were part of the environment just one hundred years ago. Is it so different from protecting living species from extinction?

Ted：You have a point, but our environment has changed since then, so no one knows what would happen if we released them.

Meg：On the contrary, experts say they would contribute to the environment by stimulating forest growth.

Ted：Well, I still think it would be better to spend the money on conserving species dying out now instead of on long-extinct birds.

訳

メグ：この記事読んだ？　遺伝子学者たちが絶滅した鳥を復活させようとしているの。

テッド：うん，その話は知ってる。でもそれはいいことかどうかわからないな。

メグ：どうして？　先祖が犯した過ちの埋め合わせができるのはすばらしいことじゃない？

テッド：うん，技術はすごいと思うけれど，復活させられた鳥が外来種として環境のバランスをくずすかもしれない。

メグ：この鳥は外来種じゃないよ！　ほんの 100 年前には環境の一部だったのよ。今生きている種を絶滅しないように保護するのとそんなにちがうことなの？

テッド：それはわかるけど，当時とは環境が変わってしまっているからね。その鳥を放したらどうなるのかだれにもわからないよ。

メグ：そんなことないわ。森林の成長を促進するから環境のためになるだろうって専門家たちが言ってるのよ。

テッド：うーん，やっぱりとっくに絶滅した鳥より今絶滅しかけている種を保存するのにお金を使うほうがいいと思う。

訳

問 34　メグの主な主張は何か。

①　絶滅した鳥を復活させることはいいことだ。
②　絶滅した鳥を復活させることは非常にむずかしい。
③　絶滅した鳥を復活させれば経済成長が促進される。
④　絶滅した鳥を復活させても環境は変わらない。

正解　①

解説　テッドが最初のせりふで I'm not sure it is a good idea.「それはいいことかどうかわからないな」と言ったのに対し，メグは２つめのせりふで Isn't it great that we can make up for the mistakes our ancestors made?「先祖が犯した過ちの埋め合わせができるのはすばらしいことじゃない？」と言っている。またメグは最後のせりふでも experts say they would contribute to the environment by stimulating forest growth「森林の成長を促進するから環境のためになるだろうって専門家たちが言ってるのよ」と，この鳥を復活させることの利点を述べている。したがって①が正解。②，③，④に相当する発言はしていない。

訳

問 35　テッドの主な主張は何か。

①　外来種が復活した鳥の生活を乱すかもしれない。
②　絶滅した鳥を復活させるのは現実的ではないかもしれない。
③　生きている種を保護することは絶滅した種を復活させることに似ている。
④　復活させられた鳥は環境に害をあたえるかもしれない。

正解　④

解説　テッドの２つめのせりふ the revived birds might disturb the environmental balance as an alien species「復活させられた鳥が外来種として環境のバランスをくずすかもしれない」および３つめのせりふ our environment has changed since then, so no one knows what would happen if we released them「当時とは環境が変わってしまっているからね。その鳥を放したらどうなるのかだれにもわからないよ」から，彼が復活した鳥が環境に害をあたえるかもしれないと思っていることがわかる。したがって正解は④。①，②，③のようなことは述べられていない。

♪ Is**n't i**t great の [t] が前の n に同化して消え，その n が後の it とつながって「イズ**ニ**ト」のように聞こえる。part of the environment の par**t of** が「パー**ロ**ヴ」に聞こえる。but our environment の bu**t our** が「バ**ラワ**」に聞こえる。→❻，❺
think it would be better で i**t w**ould の [t] が消えて「イッウビ」のように聞こえる。→❸

第6問 B

01-34 第 6 問 B〈日本語指示文〉

問 36・37 01-35

Moe： Let's go see the newborn panda at the zoo!

Nick： Seriously, Moe? Zoos are prisons for animals! Have you never seen stressed animals there walking back and forth?

Emma： Nick has a point. Although zoos try to recreate animals' natural environments, it's almost impossible.

Jacob： But Emma, many animal species would have disappeared if it weren't for zoos.

Moe： That's right, Jacob. Breeding programs have saved many animals. And in modern zoos animals are provided with detailed activities to keep them active, not just cheap toys!

Emma： I didn't know that. But I doubt zoo workers have enough knowledge to keep animals happy.

Jacob： Well, not in the past, but today staff often need university degrees related to animals. Zoos don't simply hire anybody!

Nick： But Jacob, zoos are for entertainment, not helping animals. Many zoos are struggling financially nowadays, so how can they care for their animals properly?

Emma： I must admit, Nick, I did see on TV that the management of zoos is inspected regularly by government officials, with strict rules. And they're a fantastic way to educate future generations about animals.

Nick： Well, I still see them as primarily a cruel way to make money.

Moe： One thing is certain. Baby animals are cute!

Others： YES!

訳

モエ：動物園に生まれたてのパンダを見に行こう！

ニック：本気か，モエ？　動物園は動物の刑務所だよ！　ストレスでそこの動物たちがずっと行ったり来たりして歩き回ってるのを見たことがないの？

エマ：ニックの言う通りよ。動物園は動物の自然環境を再現しようとしているけど，ほとんど不可能だよ。

ジェイコブ：でもエマ，動物園がなかったら，たくさんの動物種が絶滅してるよ。

モエ：その通りよ，ジェイコブ。繁殖計画でたくさんの動物が救われている。それに最近の動物園では，動物たちが活発に活動できるように，安っぽいおもちゃだけじゃなく，細かい配慮がされた活動を提供しているよ！

エマ：それは知らなかったわ。でも動物園の職員は動物を幸せにするための十分な知識を持っているとは思えないわ。

ジェイコブ：昔はそうでもなかったけど，今はスタッフは動物に関する大学の学位が必要な場合が多いよ。動物園は誰でも雇ってくれるわけではないんだよ！

ニック：でもジェイコブ，動物園は娯楽のためのものであって，動物を助けるためのものではない。今は経済的に苦しい状況にある動物園が多いのに，どうやって動物をちゃんと世話することができるんだよ？

エマ：実はね，ニック，テレビで見たんだけど，動物園の経営は政府の役人が厳しいルールに基づいて定期的に視察しているのね。動物園は将来の世代に動物について教育するための素晴らしい手段だし。

ニック：うーん，ぼくはそれでも，動物園はお金をかせぐのが第一の残酷な手段だと思う。

モエ：１つだけ確かなことがある。動物の赤ちゃんはかわいい！

他の３人：そうだね！

問 36

正解　①

解説　否定的な表現を聴き逃さないようにしよう。ニックは彼の最後のせりふの a cruel way「残酷な手段」からわかるように，動物園に最後まで否定的である。エマは彼女の１つめと２つめのせりふではやや否定的な意見を述べているが，最後は a fantastic way to educate future generations about animals「将来の世代に動物について教育するための素晴らしい手段」と肯定的な評価をしている。ジェイコブも彼の最初のせりふで many animal species would have disappeared if it weren't for zoos「動物園がなかったら，たくさんの動物種が絶滅してるよ」と述べているので肯定派である。モエも彼女の２つめのせりふで動物園がいかに動物に配慮しているか語っている。結局，会話が終わった時点で否定的なのはニックだけなので正解は①。

問 37

訳

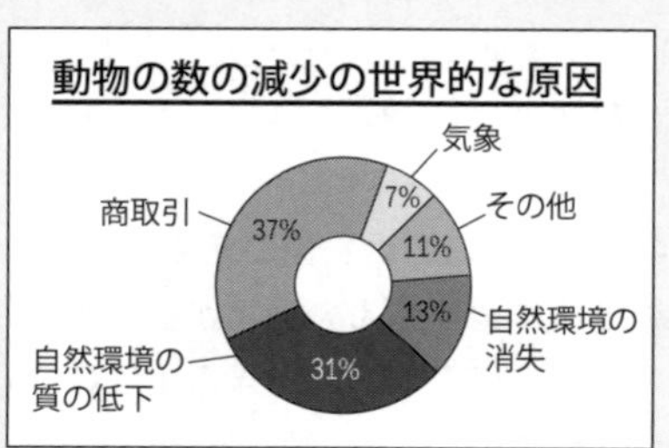

②

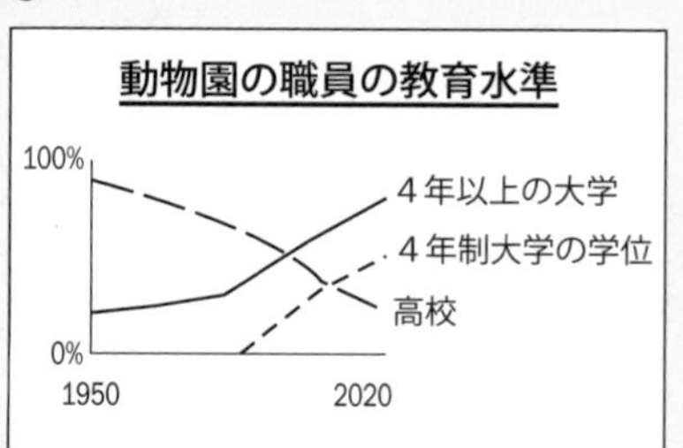

③

アフリカで毎年狩られる動物

	ライオン	ヒョウ	ゾウ	バッファロー	ワニ
タンザニア	**250**	**300**	**35**	**2,000**	**170**
ボツワナ	**130**	**32**	**270**	**160**	**50**
南アフリカ	**190**	**45**	**31**	**179**	**24**
ジンバブエ	**89**	**303**	**243**	**853**	**69**

④

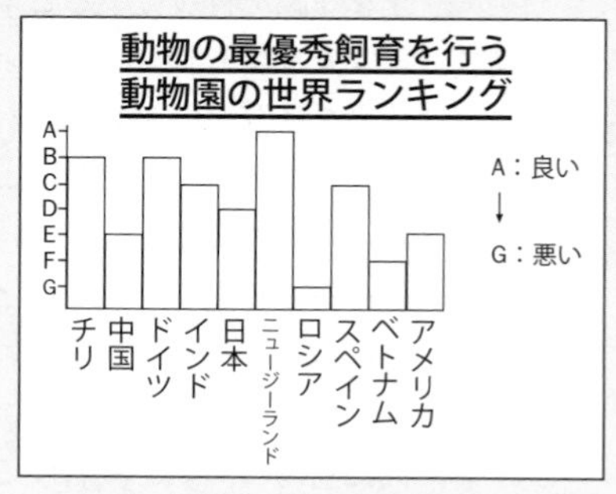

正　解　②

解　説　ジェイコブの２つめのせりふ today staff often need university degrees related to animals「今はスタッフは動物に関する大学の学位が必要な場合が多いよ」を最もよく表しているのは Zoo employee education level「動物園の職員の教育水準」の年代による変化のグラフ②である。

語句

- □ go see ＝ go and see，go to see
- □ Seriously?「本気かい？」
- □ back and forth「往復して」
- □ have a point「一理ある，もっともだ」
- □ if it weren't for A「仮に A がなければ」
- □ university degree「大学の学位」
- □ care for A「A を世話する」
- □ inspect「～を検査する」
- □ official「役人」
- □ primarily「第一に，何よりまず」

第２回　実戦問題

解答一覧

（100点満点）

問題番号(配点)	設問		解答番号	正解	配点	自己採点欄
第1問 (25)	A	1	1	①	4	
		2	2	①	4	
		3	3	②	4	
		4	4	②	4	
	B	5	5	④	3	
		6	6	①	3	
		7	7	③	3	
小計						
第2問 (16)		8	8	②	4	
		9	9	②	4	
		10	10	④	4	
		11	11	③	4	
小計						
第3問 (18)		12	12	②	3	
		13	13	④	3	
		14	14	①	3	
		15	15	①	3	
		16	16	①	3	
		17	17	③	3	
小計						

問題番号(配点)	設問		解答番号	正解	配点	自己採点欄
第4問 (12)	A	18	18	③	4*	
		19	19	①		
		20	20	④		
		21	21	②		
		22	22	①	1	
		23	23	⑤	1	
		24	24	④	1	
		25	25	①	1	
	B	26	26	②	4	
小計						
第5問 (15)		27	27	②	3	
		28	28	③	2*	
		29	29	②		
		30	30	①	2*	
		31	31	⑤		
		32	32	④	4	
		33	33	③	4	
第6問 (14)	A	34	34	②	3	
		35	35	③	3	
	B	36	36	①	4	
		37	37	④	4	
小計						
合計						

（注）　＊は，全部正解の場合のみ点を与える。

設問解説

第 1 問 A

02-01 表題

02-02 第 1 問 A〈日本語指示文〉

問 1　02-03

You shouldn't have lent your car to your friend.

訳

あなたは車を友だちに貸すべきではなかった。

① **友だちに車を貸したのは誤りだった。**
② 友だちに車を使わせなかったとはあなたは親切ではなかった。
③ あなたは友だちに車を賃貸しする必要がなかった。
④ あなたの友だちはあなたから車を借りられなかった。

正解　①

解説　shouldn't have Ved は「V するべきではなかったのに（V してしまった）」という意味で，過去のことについて反省したり人を非難するときに使われる。したがって ① の意味が最も近い。

問 2　02-04

How would you like your eggs?

訳

卵をどうしたいですか。

① **話し手はだれかに卵をどんなふうに調理してほしいかたずねている。**
② 話し手はだれかに卵を好きかどうかたずねている。
③ 話し手はだれかに卵を食べたいかどうかたずねている。
④ 話し手はだれかにもっと卵を食べるように促している。

正解　①

解説　How would [do] you like your A? は「A をどんなふうにして食べたい［飲みたい］ですか」という意味の会話表現。したがって ① が正解。

問 3　🔊 02-05

Emma almost missed the train.

訳

エマはもう少しで電車に乗り遅れるところだった。

① エマは簡単に電車に間に合った。

② エマはなんとか電車に間に合った。

③ エマは 1 分差で電車に乗り遅れた。

④ エマはよく電車に乗り遅れた。

正解　②

解説　almost + V で「あやうく V しかける」という意味になる。言いかえると「なんとか V せずにすむ」ということになるので②が正解。なお nearly + V も同じ意味。

問 4　🔊 02-06

Would you like me to have him call you when he gets back?

訳

彼がもどったらあなたに電話させてほしいですか。

① あとで彼がもどったら私があなたに電話をする必要がありますか。

② あなたは彼がかけ直すことを望みますか。

③ あなたが彼にまた電話するということでいいですか。

④ 私にかけ直すように彼に言ってくれますか。

正解　②

解説　would like A to V は「A に V してほしい」, have A + V（原形）は「A に V してもらう［させる］」の意味。この 2 つの表現をしっかり聞き分けられるかどうかがポイント。

♪ have him call you の him の [h] が弱く「ハ**ヴィ**ム」に近く聞こえる。→❸

第1問B

🔊 02-07 第１問Ｂ〈日本語指示文〉

問5 🔊 02-08

Unlike this new photo, he used to be much thinner, and his hair was darker.

訳

この新しい写真とはちがって，彼は以前はずっとやせていて髪はもっと黒かった。

①  ②  ③  ④ 

正解　④

解説　used to V は「かつてはＶだった（今はそうではない）」の意味。used to be much thinner, and his hair was darker「以前はずっとやせていて髪はもっと黒かった」ということは，今は比較的太っていて髪は白くなっていることを含意するので④が正解。

問6 🔊 02-09

The taxi is stopping behind the parking sign.

訳

タクシーは駐車標識のうしろに止まりつつある。

①　②　③　④

正解　①

解説　stop の進行形 be stopping は「（すでに）止まった状態」ではなく「止まりつつある」という意味になる。したがって，標識の背後に止まりつつある①が正解。is stopped なら「止まっている」の意味になる。start, stop, go, come, leave, arrive, die など，開始・終了・出発・到着や瞬間的変化を表す動詞の進行形は「…しつつある，しかけている」の意味になるのが普通である。

問７　02-10

The man is seeing a friend off at the station.

訳

男性は駅で友人を見送っている。

正　解　③

解　説　see A off は「A を見送る」という意味の表現。よって③が正解。

第2問

🔊 02-11 第２問〈日本語指示文〉

問8　🔊 02-12

M：Who do you think stole your wallet?
W：Probably the man all in black at the coffee shop.
M：You mean the big guy with dark glasses?
W：No, no, the other man. Remember? He was rather tall and thin.
Question：Who does the woman think stole her wallet?

訳
男性：だれが君のさいふを盗んだと思う？
女性：たぶん喫茶店にいた黒ずくめの服の男よ。
男性：サングラスをかけた太った男のこと？
女性：ちがう，ちがう，もうひとりのほう。覚えてる？　わりと背が高くてやせていたわ。
問い：女性はだれが自分のさいふを盗んだと思っているか。

①

②

③

④

正解　②

解説　女性の最初のせりふから，彼女が疑っているのは全身黒ずくめの服の男だとわかる。次に男性が「サングラスをかけた太った男のこと？」とたずねたのに対し，女性は，その男ではなく，「もうひとりの背が高くてやせている」男だと言っている。したがって，女性は黒ずくめの服で背が高くてやせている②のような男を疑っていることがわかる。

問 9　　02-13

W：Put the teddy bear on the top shelf of the cabinet, and the clock on the second.

M：Why don’t we put the plates on the top shelf? They’ll look better there.

W：Well, that might be a bit dangerous. I think they should go on the bottom shelf.

M：Yeah, you’re right.

Question：What will the cabinet look like?

訳

女性：テディベアをキャビネットのてっぺんの棚に，時計を2つめに置いて。

男性：お皿をてっぺんの棚に置いたらどう？　そのほうがきれいに見えるでしょう。

女性：うーん，それはちょっと危ないかもしれない。お皿は一番下の棚に置くほうがいいと思う。

男性：うん，そうだね。

問い：キャビネットはどんなふうになるか。

②

③

④

正　解　②

解　説　まず女性が最初のせりふでテディベアを一番上の棚に，時計を2つめに置くと言っている。次に男性が皿を一番上に置くことを提案するが，女性は2つめのせりふで，それは危ないから皿は一番下がいいと述べ，最後のせりふで男性がそれに同意している。したがってキャビネットは②のようになると思われる。plate は「(平たい) 皿」。

♪ Why don’t we の [t] が弱く，「ドンウィ」のように聞こえる。

問 10 　02-14

W：Hello, Chris. I heard there was an earthquake in Italy. Are you all right?

M：Yeah, don't worry, everything's OK. It was quite far from where I was, to the southeast.

W：You were in Rome at the time of the quake, weren't you?

M：No, I was in Florence, to the northwest of Rome.

Question：Where was the earthquake?

訳

女性：もしもし，クリス。イタリアで地震があったそうね。だいじょうぶ？

男性：うん，心配ないよ。すべて異常なしだよ。ぼくがいたところからかなり遠くの南東のほうだったから。

女性：地震のときローマにいたんじゃなかったの？

男性：いや，フィレンツェにいたよ，ローマの北西のほうの。

問い：地震があったのはどこか。

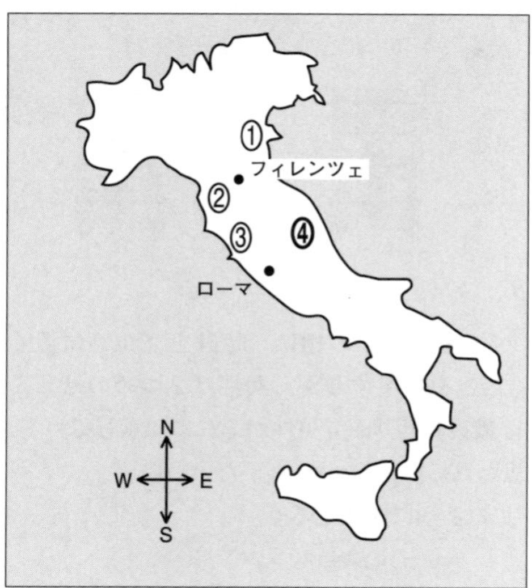

正解　④

解説　男性の最初のせりふから地震は男性がいた場所の南東であったことがわかる。次に男性の最後のせりふから男性がいたのは Florence「フィレンツェ」だったことがわかるので，地震があったのは Florence の南東にある ④ ということになる。

問 11　🔊 02-15

W：Do you know the name of that flat fish?

M：You mean this one here?

W：No, that one over there, with the long tail.

M：Oh, the one swimming over the rock.

Question：Which fish are the speakers talking about?

訳

女性：あの平べったい魚の名前知ってる？

男性：ここにいるこの魚のこと？

女性：ううん，あっちの，長いしっぽがある魚よ。

男性：ああ，岩の上を泳いでるやつだね。

問い：話者たちはどの魚について話しているか。

①
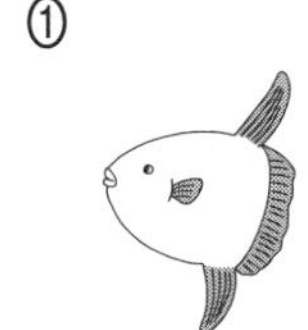

②

③

④

正　解　③

解　説　女性の最初のせりふから flat「平たい」という特徴がある魚だとわかる。次に女性の２つめのせりふで with the long tail「長いしっぽがある」と述べられていることから③が正解となる。

♪ that one over there の one over が「ワノウヴァ」のように聞こえる。→❹

第3問

02-16 第3問〈日本語指示文〉

問 12　02-17

M：Abby, how about going to a movie on the evening of February 24th?

W：I was just about to make a dentist's appointment for that evening. But I'll be free on March 4th.

M：Never mind. I'll ask Emma instead.

W：All right, all right, you win. What would you like to see?

訳

男性：アビー，2月24日の夕方映画を見に行かないか。

女性：その日の夕方には歯医者の予約をしようと思ってたの。3月4日なら空いてるよ。

男性：もういいよ。エマを誘うから。

女性：はいはい，わかった。なにを見たいの？

問い：女性が男性といっしょに外出するのはいつか。

① 2月21日

② 2月24日

③ 3月1日

④ 3月4日

正解　②

解説　2月24日の夕方に映画に行こうという最初の男性の誘いに対し，女性はその日の夕方は歯医者に予約をするつもりだと言い，3月4日に行くことを提案する。しかし男性が2つめのせりふで，それならエマを誘うと言いだしたので，女性は All right, all right, you win.「はいはい，あなたの勝ち（＝あなたの言うようにする）」と言っている。したがって2人が出かけるのは最初に男性が言った2月24日となる。

♪ What would you の [t] が弱く，「ワッウジュ」のように聞こえる。

問 13　02-18

M：You really like listening to loud music.

W：Sorry, what did you say?

M：You like playing music very loud, don't you?

W：Yeah, this is my favorite band. You said you liked them too, didn't you?

M：Yes, I do like them, but I'm trying to get some sleep.

訳

男性：大きな音の音楽を聴くのが本当に好きなんだね。

女性：えっ？　なんて言ったの？

男性：音楽をすごく大きな音でかけるのが好きだよな？

女性：うん，これは大好きなバンドなの。あなたもこれ好きだって言ってたよね？

男性：ああ，確かに好きだけど，ちょっと眠ろうとしてるんだ。

問い：男性は女性になにを伝えようとしているか。

① 音楽がよく聞こえない。

② 音楽のせいで眠たい。

③ 彼女のお気に入りのバンドが好きだ。

④ 音楽が大きすぎる。

正　解　④

解　説　男性は最初のせりふでYou really like listening to loud music.「大きな音の音楽を聴くのが本当に好きなんだね」と言ったが，彼の最後のせりふI'm trying to get some sleep.「ちょっと眠ろうとしてるんだ」から，彼が遠まわしに「音楽が大きすぎる（ので音量を下げてほしい）」と言っていることがわかる。

問 14　02-19

W：Ken, we need to talk. I got a call from your teacher yesterday.

M：Did you? What did she want?

W：She said it might be very difficult for you to continue playing soccer.

M：What do you mean? I think I'm a pretty good player.

W：Of course, I know that. But grades are more important, you know.

M：I see. I'll try harder if she gives me another chance. I promise.

訳

女性：ケン，話があるの。きのう先生から電話があったわ。

男性：そう？　なんて言ってた？

女性：あなたがサッカーを続けるのはとてもむずかしいだろうって。

男性：どういうこと？　ぼくはけっこううまいと思うよ。

女性：もちろんそれはわかってるけど，成績のほうが大切でしょ。

男性：わかった。先生がもう一度チャンスをくれるならもっとがんばるよ。約束する。

問い：ケンの問題はなにか。

① 学校の成績がよくない。
② サッカーを続けるかどうか少し迷っている。
③ サッカーがあまりうまくない。
④ サッカーが成績より大切だと思っている。

正解　①

解説　grades には「成績，得点」の意味がある。女性（ケンの母親）の３つのせりふから，先生の電話は「ケンの学校の成績（grades）がよくないので彼がサッカーを続けるのはむずかしい」という内容であったことが推量できる。

♪ I got a call の go**t a** がつながり「ガ**ラ**」のように聞こえる。→❺

問 15　02-20

W：Are you ready for the concert tomorrow?
M：I don't think so. It would be great if I had just one more day.
W：I need some more practice too. Why don't we have a rehearsal together tonight?
M：Don't you think we had better get a good night's rest?
W：Well, maybe you're right.

訳

女性：明日のコンサートの準備はできてる？
男性：できてないと思う。もう１日あればありがたいんだけど。
女性：私ももう少し練習しないと。今夜いっしょにリハーサルしない？
男性：夜はしっかり休むほうがいいと思わないか。
女性：うーん，そうかもね。
問い：２人はなにをするのか。
① 今夜は練習しないで早く寝る。
② 今夜は別々に練習する。
③ 今夜いっしょに練習する。
④ もう１日練習できるようにコンサートを延期する。

正解　①

解説　女性は２つめのせりふで Why don't we have a rehearsal together tonight?「今夜いっしょにリハーサルしない？」と言うが，これに対し男性は Don't you think we had better get a good night's rest?「夜はしっかり休むほうがいいと思わないか」と答え，女性もそれに同意しているので，結局２人は今日は練習せずに早く寝ると思われる。

問 16　02-21

W：Did you move the TV remote? It isn't on the table where it usually is.
M：Not even by the tissues? Or you might have left it on the sofa.
W：No. Oh, there it is, on the floor!
M：Oh, good. But we really need to tidy this room. It's such a mess!

訳

女性：テレビのリモコンをどこかへやったの？　いつものテーブルの上にはないわよ。
男性：ティッシュのそばにもない？　それとも，ソファの上に置いたんじゃない？
女性：ううん。あ，床の上にあった！
男性：ああ，よかった。でも，この部屋は本当に片付けないとね。散らかりすぎだよ。
問い：女性になにが起きたのか。
① テレビのリモコンが見つからなかった。
② （部屋を）片付ける時間がなかった。
③ ソファの後ろに物を落とした。
④ ティッシュを買うのを忘れてしまった。

正　解　①

解　説　対話にはさまざまな物が出てくるが，起きた問題は，女性の最初のせりふからわかるように，テレビのリモコンの紛失である。where 以下は the table にかかる関係副詞節。there it is「あった」は物を見つけた時に使う。a mess は「乱雑，散らかった状態」。

問 17　02-22

M：I would like to return these books.
W：Alright. Just a moment .... Toby, don't you have another one?
M：Oh, I left it at home.
W：You have three days left until the return date.
M：I'm still working on my paper. Can I renew it?
W：Someone's reserved this book. Unfortunately, you can't borrow it again.

訳

男性：これらの本を返却したいのですが。

女性：わかりました。ちょっと待って…。トビー，もう1冊持っていませんか。

男性：あ，家に置いてきてしまいました。

女性：返却日まで3日ですよ。

男性：レポートがまだ途中なんです。借り直しはできますか。

女性：他の人から予約が入っていますね。あいにくですが，再貸し出しはできません。

問い：この学生はなにをする必要があるか。

① 借りている図書の貸し出し延長を申し込む。

② 本を借りたい人に連絡を取る。

③ 3日以内に本を返す。

④ 明日までにレポートを書く。

正解 ③

解説 女性（図書館職員）が2つめのせりふで返却日まで3日と言ったのに対し，男性（学生）が借り直しを求めるが，女性は「再貸し出しはできません」と言っているので，男性は3日以内にその本を返さねばならない。work on ～は「～に取り組む」。

第4問A

🔊 02-23 第4問A〈日本語指示文〉

問18～21　🔊 02-24

Last Sunday, I took our dog for a walk in the neighborhood, using a rope as a simple lead. Suddenly the rope broke and he began to run around. Every time I called him, he came close enough to catch, but then he always ran away again before I could tie the rope to his collar. Then I came up with a better idea. Since he is not a very big dog, I finally just picked him up and carried him home without using the rope at all.

訳

先週の日曜日に，私はロープを間に合わせのリードにして，うちの犬を近所の散歩に連れていった。突然そのロープが切れて犬が走り回り始めた。私が呼ぶと，そのたび犬は捕まりそうなほど近くに来たが，首輪にロープを結べないうちに毎回また走って逃げられてしまった。そのとき私に良いアイデアが浮かんだ。あまり大きな犬ではないので，結局犬を持ち上げ，ロープをまったく使わずに家まで運んでいったのだ。

①

②

③

④

正解　③ → ① → ④ → ②

解説　I took our dog for a walk in the neighborhood, using a rope as a simple lead.「私はロープを間に合わせのリードにして，うちの犬を近所の散歩に連れていった」にふさわしいのは③の出発の場面。Suddenly the rope broke and he began to run around.「突然そのロープが切れて犬が走り回り始めた」に合うのは①。he always ran away again before I could tie the rope to his collar.「首輪にロープを結べないうちに毎回また走って逃げられてしまった」に合うのは④の場面。I finally just picked him up and carried him home without using the rope at all.「結局犬を持ち上げ，ロープをまったく使わずに家まで運んでいったのだ」を描いているのは②の場面である。

♪ at all が「アロール」のように聞こえる。→❺

語句　□ lead「〈動物をつなぐ〉綱《英》」(leash《米》)
□ tie「～を結ぶ」　□ collar「〈ペットなどの〉首輪」
□ come up with A「A を思い付く」　□ pick up「持ち上げる，拾い上げる」

02-25〈日本語指示文〉

問 22 ～ 25 02-26

This is the list of items that we need to enter the data for. I'll read out the prices and discount information, and you enter it. The price of dog wear is discounted by 10%, so it's now $135. The dog house is discounted by the same rate. And let's see ... what was the regular price of the dog mattress? Its discount rate is 20%.

訳

これがデータを入力する必要がある品物のリストです。私が価格と割引についての情報を読み上げるので，あなたがそれを入力してください。犬用の服の価格は10%値引きされて，今は135ドルです。犬小屋も同じ率の値引きです。で，えーと，犬用のマットレスの定価はいくらでしたか。それの割引率は20%です。

商品	定価	割引価格	割引率
犬用の服	150 ドル	[ ] ドル	[22] %
犬用のマットレス（シート２枚セット）	[23] ドル	80 ドル	[ ] %
犬小屋（小型犬用）	100 ドル	[24] ドル	[25] %

正解 [22] ① [23] ⑤ [24] ④ [25] ①

解説 The price of dog wear is discounted by 10%「犬用の服の価格は10%値引き」と The dog house is discounted by the same rate「犬小屋も同じ率の値引きです」から，Dog wear の空所 [22] と Dog house の空所 [25] はともに 10%とわかる。次にこの割引率 10%と Dog house の Regular price の $100 から，空所 [24] の Discount price が 90 ドルであると計算できる。空所 [23] は，Its discount rate is 20%.「それ（犬用のマットレス）の割引率は 20%です」から，「20%値引きされて 80 ドルになる→定価は 100 ドル」と計算できる。

語句 □ read out「読み上げる，音読する」 □ dog wear「犬用の服」
□ regular price「定価，通常価格」

第4問B

(音声) 02-27 第4問B〈日本語指示文〉

問26　(音声) 02-28

1. I think that Ms. Davis would be good for you. She is from Canada and studied at a university in the United States, so she knows a lot about the educational systems in both countries. Although she is a new counselor, she takes her job very seriously.
2. I recommend Mr. Jackson. He has been a counselor for many years and is familiar with language programs not only in the United States but also in Australia. He also has a good command of Japanese, so he can confirm your understanding of the information given to you about the English programs.
3. I believe Ms. Yamaguchi is the right counselor for you. She was born in Japan and raised in the United States. Based on her many years of experience, she knows how to judge the level of Japanese students' English and understands the kinds of difficulties they face in language programs.
4. I had a consultation with Mr. Spinney before I went to Australia for a summer language program last year. He has experience creating language programs for Japanese students. He is sure to find you the best program in Australia, though he only speaks English.

訳

1. 私はデイヴィスさんがあなたにはふさわしいだろうと思います。彼女はカナダ出身で，米国の大学で学んでいたので，両国の教育制度にとても精通しています。彼女はカウンセラーとしては新人ですが，とても熱心です。
2. 私はジャクソンさんを推薦します。彼はカウンセラーを長年やっていて，米国だけでなく，オーストラリアの語学プログラムに精通しています。日本語を自由に使いこなすこともできるので，あなたに与えられる英語プログラムの情報について，あなたの理解を確認することもできます。
3. 私は山口さんがあなたにふさわしいカウンセラーだと思います。彼女は日本生まれの，米国育ちです。長年の経験から，日本の学生の英語のレベルの判断の仕方をわかっていて，語学プログラムで日本人学生が直面するような困難についても理解しています。

第2回

4. 私は昨年オーストラリアの夏期語学プログラムに行く前に，スピニーさんのカウンセリングを受けました。彼は，日本人学生向けの語学プログラムを作成した経験があります。きっとあなたにとってオーストラリアでの最善のプログラムを見つけてくれると思いますが，英語しか話しません。

問い：あなたが選ぶ可能性が最も高いカウンセラーは 26 である。

正解 ②

解説 上の訳の内容を表にまとめると次のようになる。

	条件 A	条件 B	条件 C
①デイヴィスさん	×	?	?
②ジャクソンさん	○	○	○
③山口さん	○	?	?
④スピニーさん	○	○	×

条件 A ～ C（A. カウンセラーとして経験が豊富である，B. オーストラリアのプログラムに精通している，C. 日本語を話す）について判断すると，①（Ms. Davis）は she is a new counselor から A に該当しない。条件 B・C については不明である。③（Ms. Yamaguchi）は，B に該当するとの直接的な言及がない。また日本で生まれたとは言われているが，日本語を話せるかどうかは不明なので C を満たすかどうかわからない。④（Mr. Spinney）は，though he only speaks English の部分から C について該当しない。条件すべて（訳の下線部分）を満たしているのは②（Mr. Jackson）である。

語句
- □ educational system「教育制度」
- □ *be* familiar with A「A に精通している」
- □ have a good command of A「A〈言語〉を自在に話せる，A が堪能である」
- □ confirm「確認する」　□ *be* raised in A「A で育てられる」
- □ face「〈困難などに〉ぶつかる，直面する」
- □ consultation「経験のある（専門家から）助言を求めること，カウンセリング」

第５問

02-29 第５問〈日本語指示文〉

問 27 〜 32　　02-30

Visiting large hospitals first for any illness can lower the quality of the overall medical care. To improve the overall quality of medical care provided to each patient in Japan, it is very important to make the right first choice between large hospitals and clinics.

You often have to wait longer at large hospitals than at clinics: one hour or longer in about 50 percent of them and 30 minutes or longer in about 30 percent. This is tough for a patient with a severe illness. You will find yourself having to wait a shorter time at clinics before you see a doctor: less than 15 minutes in about 30% of them.

Japanese people, however, still tend to visit a larger hospital first. One reason for that, I think, is that patients have no way to evaluate correctly how severe their condition is on their own.

In fact, a system is already being provided in some prefectures in Japan to help you make a better first choice when choosing which medical institution to visit. One such system is the #7119 telephone consultation system for overall medical emergencies. You can call #7119 to ask for consultation on your condition by nurses on standby before seeing a doctor. In addition, the #8000 telephone consultation service is available throughout Japan, which parents can use if there is a medical emergency involving their children.

訳

どのような病気でも最初に大きな病院に行くことは，医療全体の質の低下につながりかねません。日本の各患者に提供される医療全体の質を高めるためには，大病院とクリニックから最初に適切な選択をすることがとても重要です。

大病院では，クリニックと比較して，待つ時間が長いことが多いです。約 50%の大病院で 1 時間以上，約 30%で 30 分以上になります。これは重い病気の患者にとっては厳しいことです。クリニックでは，待つ時間がもっと短くてすみます。医師の診察を受けるまでに約 30%で 15 分未満です。

しかし，日本人は依然としてまず大病院に行く傾向があります。その理由の 1 つとして，患者自身で自らの症状がどれくらい重いのかを正確に評価する方法がないからだと，私は考えます。

実際には，日本のいくつかの県では，最初にどの医療機関に行くかを選ぶ際によりよい選択ができるように助けてくれるシステムがすでに提供されています。そのようなシステムの１つが，救急全般を対象としている救急相談センター（#7119）です。医師の診察を受けに行く前に，#7119に電話をして，あなたの状態について，待機している看護師による相談を求めることができます。さらに，小児救急電話相談（#8000）は日本全体で利用可能で，親が子供の急病について電話することができます。

ワークシート

日本の医療に関する１つの課題

○大病院とクリニックのどちらかを最初に適切に選択すること

現状　27

○医師の診察を受けるまでに待つ時間（出典：厚生労働省 2017 データ）

	割合	平均待ち時間
大病院	約 50%	1時間以上
	約 28 %	30 分以上
クリニック	約 30%	29 分未満

電話番号	相談対象	利用できる地域
#7119	30	31
#8000	子供の救急のため	日本全体

問 27

訳

① 日本にはどの医療施設に行くべきかを選ぶ助けになる制度がない。
② 日本人の患者はクリニックではなく大きな病院に最初に行く傾向がある。
③ ほとんどの日本人は経済的理由でクリニックに行くことをためらう。
④ 日本の大病院の数はまだ十分ではない。

正　解　②

解　説　第３パラグラフ第１文 Japanese people, however, still tend to visit a larger hospital first.「しかし，日本人は依然としてまず大病院に行く傾向があります」から②が正解。①は第４パラグラフ第１文 a system is already being provided in some prefectures in Japan to help you make a better first choice when choosing which medical institution to visit.「日本のいくつかの県では，最初にどの医療機関に行くかを選ぶ際によりよい選択ができるように助けてくれるシステムがすでに提供されています」に反する。③，④に相当する部分はない。

問 28・29

正解　28　③　　29　②

解説　第２パラグラフの下線の部分を聞き取れれば解答できる。

You often have to wait longer at large hospitals than at clinics: one hour or longer in about 50 percent of them and 30 minutes or longer in about 30 percent. This is tough for a patient with a severe illness. You will find yourself having to wait a shorter time at clinics before you see a doctor: less than 15 minutes in about 30% of them.「大病院では，クリニックと比較して，待つ時間が長いことが多いです。約 50％の大病院で１時間以上，約 30％で 30 分以上になります。これは重い病気の患者にとっては厳しいことです。クリニックでは，待つ時間がもっと短くてすみます。医師の診察を受けるまでに約 30％で 15 分未満です」から，28 は③，29 は②だとわかる。

問 30・31

訳

① あらゆる種類の救急のため
② 応急処置についての相談のため
③ 医師による相談のため
④ 関東地方
⑤ 一部の県
⑥ 日本全体

正解　30　①　　31　⑤

解説　第４パラグラフ第１・２文 In fact, a system is already being provided in some prefectures in Japan .... One such system is the #7119 telephone consultation system for overall medical emergencies.「実際には，日本のいくつかの県では，最初にどの医療機関に行くかを選ぶ際によりよい選択ができるように助けてくれるシステムがすでに提供されています。そのようなシステムの１つが，救急全般を対象としている救急相談センター（#7119）です」から，30 は①，31 は⑤だとわかる。

問 32

訳
① どのような病気でも最初に大きな病院に行くことは正しい選択である。
② 一部の県では，親は子供の急病について医師による相談サービスを電話で受けることができる。
③ 患者は，クリニックでさえも 1 時間超待つことが普通である。
④ **電話での相談サービスを利用することは，急病の患者の状態を評価する 1 つの方法である。**

正 解　④

解 説　①は第 1 パラグラフ第 1 文の Visiting large hospitals first for any illness can lower the quality of the overall medical care.「どのような病気でも最初に大きな病院に行くことは，医療全体の質の低下につながりかねません」より誤りとわかる。②は第 4 パラグラフ第 3 文 consultation ... by nurses on standby「待機している看護師による相談」から誤り。③は第 2 パラグラフ第 3 文に You will find yourself having to wait a shorter time at clinics ... less than 15 minutes in about 30% of them「クリニックでは，待つ時間がもっと短くてすみます。約 30%で 15 分未満です」とあるので誤り。④が正解。第 3 パラグラフ第 2 文～第 4 パラグラフ第 2 文の One reason for that, I think, is that patients have no way to evaluate correctly how severe their condition is on their own. In fact, a system is already being provided in some prefectures in Japan to help you make a better first choice when choosing which medical institution to visit. One such system is the #7119 telephone consultation system for overall medical emergencies.「その理由の 1 つとして，患者自身で自らの症状がどれくらい重いのかを正確に評価する方法がないからだと，私は考えます。実際には，日本のいくつかの県では，最初にどの医療機関に行くかを選択する際によりよい選択ができるように助けてくれるシステムがすでに提供されています。そのようなシステムの 1 つが，救急全般を対象としている救急相談センター（#7119）です」から判断して正しい。

語句
- □ overall「全体の，全般的な」
- □ clinic「クリニック，診療所」
- □ tough「厳しい，難しい」
- □ severe「深刻な，重大な，厳しい」
- □ tend to V「V する傾向がある」
- □ evaluate「～を評価する」
- □ medical institution「医療機関」
- □ #7119 telephone consultation system「救急相談センター（#7119）」
- □ on standby「待機して」

□ #8000 telephone consultation service「小児救急電話相談（#8000）」
□ available「利用できる，入手できる」
□ medical emergency「急病，（医療措置を必要とする）緊急事態」

問 33　02-31

There was a case where one large hospital in Osaka with 300 beds, employing about 60 doctors, asked their patients for cooperation for visiting nearby clinics first, in order to reduce the number of patients coming to the hospital. This resulted in a significant decline of hospital patients from 1,200 15 years ago to 400 now and in a better working environment for doctors, which eventually led to an improvement in the medical care that they could provide.

訳

ある事例では，大阪のベッド数300で，約60名の医師を雇っている大病院が，病院に来る患者数を減らすために，患者たちにまず近くのクリニックに行くように協力を求めました。この結果，患者数は15年前の1,200名から現在の400名へとかなり減少し，医師にとってよりよい労働環境が実現されることで，最終的に提供できる医療の向上へとつながりました。

1つの大病院が，病院の患者数を減らすために，患者たちに協力を求めた

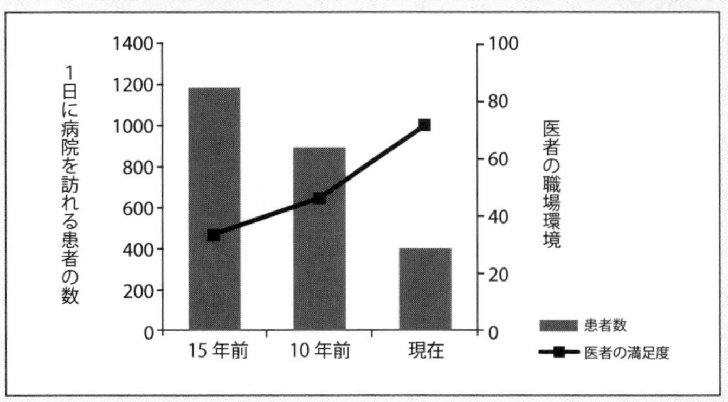

① 患者たちの協力は，現在日本全体で満足のいく水準まで到達している。
② 医療の向上には医師にお互いに協力するように要請することは不可欠のように思われる。
③ 患者は，まずクリニックに行くことで医療の向上に貢献することができる。
④ 電話で医療に関する相談サービスを提供することが，患者の状態の改善への最善の方法である。

正解　③
解説　①「日本全体で満足のいく水準まで到達している」という内容は述べられていない。②は講義の続きの第1文の asked their patients for cooperation「患者たちに…協力を求めた」より誤りとわかる。③は講義の続き全体の内容から正解とわかる。④に相当する部分はない。

語句
□ case「ケース，事例」　□ nearby「近所の」
□ result in A「Aという結果になる，Aをもたらす」
□ working environment「労働環境」　□ medical care「医療」

第6問 A

02-32 第6問 A〈日本語指示文〉

問 34・35 02-33

Yuri: Have you heard? An AI won a debate against a human champion.

Freddy: Yeah. I think AIs will replace humans in most jobs in a decade or two.

Yuri: I don't think we should let them do everything, even if it is possible.

Freddy: Don't worry. They won't take away all our work. On the contrary, they will free us from boring or dangerous tasks and give us time to do more creative work.

Yuri: But not everyone has creative talent, you know.

Freddy: Well, I'm sure everyone is more creative than robots.

Yuri: You're too optimistic. Do you know there are already AI apps that can create various images out of a meaningless picture of clouds, or even design new cars?

Freddy: I doubt that you can call them truly creative. I believe there'll always be a lot of things only humans can do.

訳

ユリ：聞いた？　AI がディベートで人間のチャンピオンに勝ったって。

フレディ：うん。もう 10 年か 20 年すれば AI はほとんどの仕事で人間に取って代わると思う。

ユリ：私はもし可能でも全部のことを AI にやらせるのはよくないと思う。

フレディ：心配ないよ。AI は人間の仕事を全部奪ったりしない。それどころか，AI のおかげで人間は退屈な仕事や危険な仕事から解放されてもっと創造的な仕事をする時間ができるだろう。

ユリ：でもみんなが創造的な才能を持っているわけじゃないでしょ。

フレディ：まあ，だれでもロボットよりは創造的なのは確かだよ。

ユリ：あなたは楽観的すぎる。意味のない雲の写真からいろんなイメージを作り出したり，新しい車をデザインしたりさえできる AI ソフトがすでにあるのを知ってる？

フレディ：それを真の意味で創造的と言えるかどうか疑問だね。これから先もずっと人間にしかできないことがきっとたくさんあると思う。

訳

問 34　フレディの主な主張は何か。

① AI は近い将来に創造的になる可能性が高い。
❷ AI によって人はより創造的な仕事をできるようになる。
③ AI が人に代わってすべてのことをしてもかまわない。
④ すべての人が創造的な仕事をしたいわけではない。

正　解　②

解　説　フレディの2つめのせりふ On the contrary, they will free us from boring or dangerous tasks and give us time to do more creative work.「それどころか，AI のおかげで人間は退屈な仕事や危険な仕事から解放されてもっと創造的な仕事をする時間ができるだろう」と，彼の最後のせりふ I believe there'll always be a lot of things only humans can do.「これから先もずっと人間にしかできない仕事がきっとたくさんあると思う」からわかるように，彼は AI によって人はより創造的な仕事をできるようになると主張しているので②が正解。フレディは①や④のような発言はしていない。また彼は2つめのせりふで They won't take away all our work.「AI は人間の仕事を全部奪ったりしない」と述べているので，③のように AI が人に代わってすべてのことをしてもかまわないとは主張していない。

♪ フレディの最後の発言の I believe **there'll** に注意しよう。「…がある」の意味の構文の there は弱く，「ザ」のように発音される。ここではその there が will と結合して「**ザ**ル／**ザ**ウ」のように聞こえる。語の最後の [l] は「ウ」のように聞こえることにも注意。

訳

問 35　ユリの主な主張は何か。

① AI はすでに創造的な仕事で人間より優れている。
② AI は創造的な仕事では人間に勝てないだろう。
❸ AI にすべてのことで人間の代わりをさせるのはよくない。
④ AI にすべての人間の仕事をさせるのは不可能だ。

正　解　③

解　説　ユリの2つめのせりふ I don't think we should let them do everything, even if it is possible.「私はもし可能でも全部のことを AI にやらせるのはよくないと思う」から③が正解。4つめのせりふで Do you know there are already AI apps that can create various images out of a meaningless picture of clouds, or even design new cars?「意味のない雲の写真からいろんなイメージを作り出したり，新しい車をデザインしたりさえできるAIソフトがすでにあるのを知ってる？」とは言っているが，「AIはすでに創造的な仕事で人間より優れている」と主張しているわけではないので①は正しくない。②「AIは創造的な仕事では人間に勝てないだろう」はフレディの意見である。④「AIにすべての人間の仕事をさせるのは不可能だ」という発言はしていない。

第6問B

(🔊) 02-34 第６問Ｂ〈日本語指示文〉

問 36・37 (🔊) 02-35

Moderator：Thank you for your presentation, Professor Fukushima. You spoke about endangered languages. I was surprised to learn that about 2,500 languages are in danger of extinction.

Professor Fukushima：That's right. Therefore, it is important to work on this issue rapidly.

Moderator：I see. Now, I would like to ask for comments from our audience. Does anyone have any ...? Yes, you, madam.

Joan：Hello, my name's Joan. I honestly do not understand why the loss of those languages will have such a huge impact on us. The loss of endangered species indicates that humans are imposing excessive burdens on the earth and that should be stopped. But I am not sure about the language issue right now.

Professor Fukushima：The loss of these languages means that the accumulated knowledge and history of the culture of the speakers will be lost forever. Many of them do not have writing systems to record their languages, and the number of speakers is very limited, so we need to take immediate actions. It is estimated that the rate of language extinction exceeds that of birds, fish, and plants.

Joan：It is still beyond me to understand why this is as important as the loss of so many species.

Professor Fukushima：Without our efforts, we are sure to lose an enormous cultural heritage.

Moderator：We seem to have no time to lose. Anyone else? Yes, please.

Naomi：Hi. I'm Naomi from Osaka, Japan. I can understand the significance of this issue, but how about our possible contribution to solving it? I mean, ordinary people such as students like me ...

Professor Fukushima：Much of the work on endangered languages is actually for experts to do, but since there are also supportive activities for the endangered language speakers, more general work is available too, and that would be easier for you to get involved in.

Moderator：So, there are ways for you to contribute if you wish.

訳

司会者：福島教授，プレゼンテーションをありがとうございました。危機言語についてお話しいただきました。およそ2,500の言語が絶滅の危機にあるというのを知って驚きました。

福島教授：その通りです。ですから，この課題に早急に取り組むことが重要なのです。

司会者：わかりました。では，聴衆の方からのコメントをもらおうと思います。どなたかいますか。はい，あなた，女性の方，どうぞ。

ジョアン：こんにちは。私は，ジョアンです。正直に言いまして，私は，なぜこのような言語の消滅が私たちにそんな大きな影響を与えるのかについて理解できません。絶滅危惧種の喪失は，人間が地球に過度の負担を与えていて，それは止められるべきだということを示しています。ですが，今の時点で，言語の課題については確信できません。

福島教授：これらの言語の消滅は，その話者たちの文化の積み重ねられてきた知識と歴史が永遠に失われることを意味します。危機言語の話者たちの多くが言葉を記録する文字をもたず，また，話者の数も非常に限られているので，直ちに行動をする必要があります。危機言語の消滅のスピードは，鳥，魚，植物の消滅のスピードを上回っていると推定されています。

ジョアン：この課題が非常に多くの種の消滅と同じように重要であるということがまだ理解できません。

福島教授：私たちの努力がなければ，膨大な文化的遺産が確実に失われることになります。

司会者：ぐずぐずしている時間はないようですね。他にどなたかいますか。はい，どうぞ。

ナオミ：こんにちは。ナオミです。日本の大阪出身です。この課題の重要性について理解できますが，その解決に対する私たちができる貢献についてはどうでしょうか。私が言いたいのは，私のような学生などの一般の人々のことなのですが。

福島教授：危機言語に関する取り組みの多くは，実際，専門家が行うべきものですが，危機言語の話者たちを支援する活動もあるので，より一般的な仕事もあり，一般の人もより容易に関わることができるでしょう。

司会者：そうすると，希望すれば，貢献する道があるのですね。

問 36

訳

① ジョアン
② 司会者
③ ナオミ
④ 福島教授

正 解 ①

解 説 明確に反対の立場を示しているのはジョアン。彼女の２つめの発言 It is still beyond me to understand why this is as important as the loss of so many species.「この課題が非常に多くの種の消滅と同じように重要であるということがまだ理解できません」からそれがわかる。

問 37

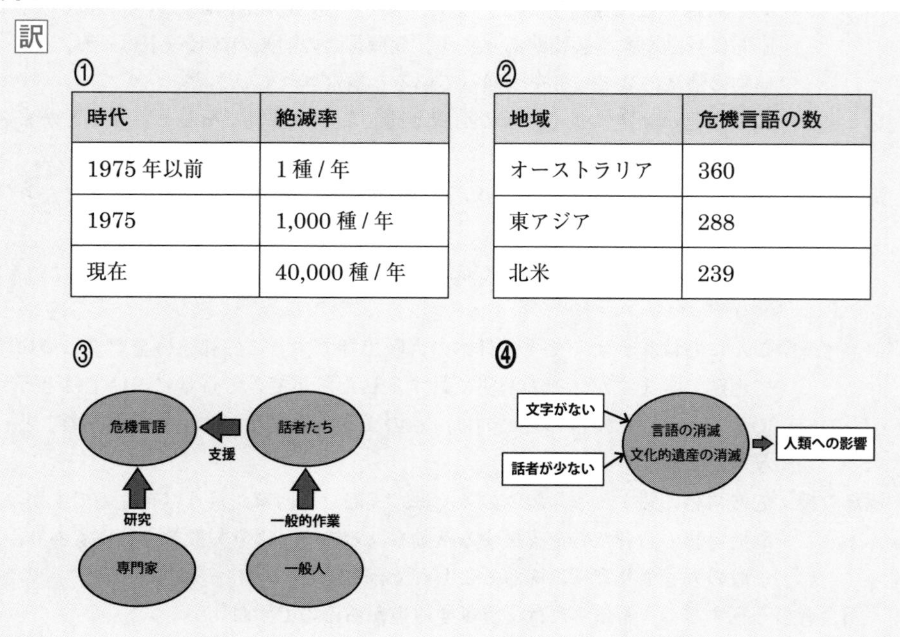

訳

①

時代	絶滅率
1975 年以前	1 種 / 年
1975	1,000 種 / 年
現在	40,000 種 / 年

②

地域	危機言語の数
オーストラリア	360
東アジア	288
北米	239

正 解 ④

解 説 福島教授の主張は，彼の２つめの発言 The loss of these languages means that the accumulated knowledge and history of the culture of the speakers will be lost forever. Many of them do not have writing systems to record their languages, and the number of speakers is very limited, so we need to take immediate actions.「これらの言語の消滅は，その話者たちの文化の積み重ねられてきた知識と歴史が永遠に失われることを意味します。危機言語の話者たちの多くが言葉を記録する文字をもたず，また，話者の数も非常に限られているので，直ちに行動をする必要があります」にまとまったかたちで述べられており，この部分の内容をまとめた④が正解となる。①は生物種の絶滅が時代とともに増加していることを表しているが，福島教授自身の主張の内容を表してはいない。②は消滅の危機にある言語の地理的分布を示しているが，やはり福島教授自身の主張の内容ではない。③の図では話者たちが危機言語を支援するとされているが，福島教授の発言にそのような内容はない。彼が最後の発言で述べているのは，since there are also supportive activities for the endangered language speakers, more general work is available too, and that would be easier for you to get involved in.「危機言語の話者たちを支援する活動もあるので，より一般的な仕事もあり，一般の人もより容易に関わることができるでしょう」であり，一般人が危機言語の話者を支援するという内容なのでふさわしくない。

♪ 福島教授の発音はイギリス英語。第3の発言の sure が [ʃɔ́ː]「ショー」と発音されている。また教授の最後の発言の a**nd th**at が「ア**ン**ナッ」に聞こえる。→❻

語句
- □ in danger of A「A の危機にある」
- □ extinction「絶滅，消滅」
- □ work on A「A に取り組む」
- □ issue「課題」
- □ rapidly「急速に，迅速に」
- □ impact「影響（力），衝撃」
- □ endangered species「絶滅危惧種，絶滅の危機にある動植物」
- □ impose「～を課す，与える」
- □ burden「負担，重荷」
- □ accumulated「積み重ねられた，堆積した」
- □ limited「限られた，限定された」
- □ estimate「見積もる，推定する」
- □ exceed「超える，上回る」
- □ beyond A to understand「A には理解できない」
- □ have no time to lose「ぐずぐずしている時間がない，一刻の猶予もない」
- □ significance「重要性，意義」
- □ contribution「貢献」
- □ ordinary people「一般人，普通の人々」
- □ get involved in A「A に関与する，A に参加する」
- □ contribute「貢献する」

第2回

第３回　実戦問題

解答一覧

（100 点満点）

問題番号（配点）	設問		解答番号	正解	配点	自己採点欄
第１問（25）	A	1	1	④	4	
		2	2	④	4	
		3	3	④	4	
		4	4	④	4	
	B	5	5	③	3	
		6	6	①	3	
		7	7	②	3	
小　計						
第２問（16）		8	8	①	4	
		9	9	④	4	
		10	10	③	4	
		11	11	①	4	
小　計						
第３問（18）		12	12	②	3	
		13	13	①	3	
		14	14	④	3	
		15	15	④	3	
		16	16	①	3	
		17	17	③	3	
小　計						

問題番号（配点）	設問		解答番号	正解	配点	自己採点欄
第４問（12）	A	18	18	③	4*	
		19	19	①		
		20	20	②		
		21	21	④		
		22	22	①	1	
		23	23	③	1	
		24	24	①	1	
		25	25	④	1	
	B	26	26	②	4	
小　計						
第５問（15）		27	27	①	2*	
		28	28	③		
		29	29	④	2*	
		30	30	②		
		31	31	③	3	
		32	32	③	4	
		33	33	①	4	
第６問（14）	A	34	34	①	3	
		35	35	③	3	
	B	36	36	④	4	
		37	37	①	4	
小　計						
合　計						

（注）　＊は，全部正解の場合のみ点を与える。

設問解説

第1問 A

03-01 表題

03-02 第1問 A〈日本語指示文〉

問1 03-03

Lisa brought her umbrella with her in case it rained.

訳

リサは雨が降った場合にそなえてかさを持ってきた。

① リサは雨が降っていたのでかさを買った。

② リサは雨が降り出したのでかさを取りにもどった。

③ リサは雨が降っていたのにかさを忘れた。

④ リサは雨が降るかもしれないと思ったのでかさを持っていた。

正解 ④

解説 in case S V で「S が V した場合にそなえて」という意味を表すので，リサは雨が降るかもしれないと思ったと考えられる。

♪ brought と ① の bought は [r] の有無だけのちがいなので注意しよう。

問2 03-04

You have time to let me take you around the campus, don't you?

訳

私にキャンパスを案内させる時間はありますよね。

① 話し手はキャンパスを案内してもらうつもりでいる。

② 話し手はいそがしくてキャンパスを見られない。

③ 話し手はだれかにキャンパスを案内してほしいと思っている。

④ 話し手はだれかをキャンパスに案内したいと思っている。

正解 ④

解説 take A around B で「A を案内して B を回る」という意味を表す。let me take you around the campus で「私にあなたをキャンパスに案内させる」となるので，「私」は相手を案内しようとしているということになる。会話では let を使って「相手に何かをしてあげる」という意思を伝えることがよくある。(例) Let me carry your bag.「私にあなたのかばんを持たせてください」=「かばんを持ってあげましょう」

問３　03-05
I really wish I could have made it to the comic festival.

訳
コミックフェスティバルに行けたらよかったのにと本当に思う。
① 話し手はコミックフェスティバルに行きたいと強く願っている。
② 話し手はコミックフェスティバルに行くのを楽しみにしている。
③ 話し手はコミックフェスティバルに行けないのは残念だと思っている。
④ 話し手はコミックフェスティバルに行きたかったが行けなかった。

正解　④
解説　wish + S could have Ved で「V できればよかったのに」という意味になる。**過去の事実の反対**のことを願うときに使われる。ここでは「行けたらよかった」と述べているので，実際には行きたかったのに行けなかったことがわかる。
♪ coul**d ha**ve は [h] が弱いのでつながって「ク**ダ**ヴ」のように発音されている。→❸

問４　03-06
I don't mind speaking English if you want me to.

訳
あなたが望むなら私は英語を話してもかまわない。
① あなたが望んでも私は英語を話せない。
② あなたが英語を話したいかどうかはどうでもいい。
③ あなたが望んでも私は英語を話すのはいやだ。
④ あなたが望むなら私は英語を話す気がある。

正解　④
解説　don't mind Ving「V するのはいやではない」は会話では「V してもかまわない，V する気がある」という意味で使われることがある。④の *be* willing to V も「V するのはいやではない」くらいの意味で使われることが多い。

第１問Ｂ

03-07 第１問Ｂ〈日本語指示文〉

問５ 03-08
Yesterday we ran into a friend on our way home from school.

訳
きのう私たちは学校から帰る途中友人に会った。

正　解　③

解　説　run into A は「A に偶然出会う」という意味。主語が we なので２人以上である。また a friend と言っているので，we が会ったのは１人である。したがって，③が正解となる。弱く発音される代名詞や冠詞，前置詞などの機能語にも注意して聴こう。

問６ 03-09
The race was just about to start when she arrived at the field.

訳
彼女が競技場についたとき，競走はまさに始まろうとしていた。

正　解　①

解　説　*be* about to V「今にも V しようとしている」を聞き取れれば①が正解だとわかる。just は強調のために使われている。

問７　03-10

The typhoon won't directly hit Japan but will pass close to the Kanto region.

訳

台風は日本を直撃せずに関東地方の近くを進むだろう。

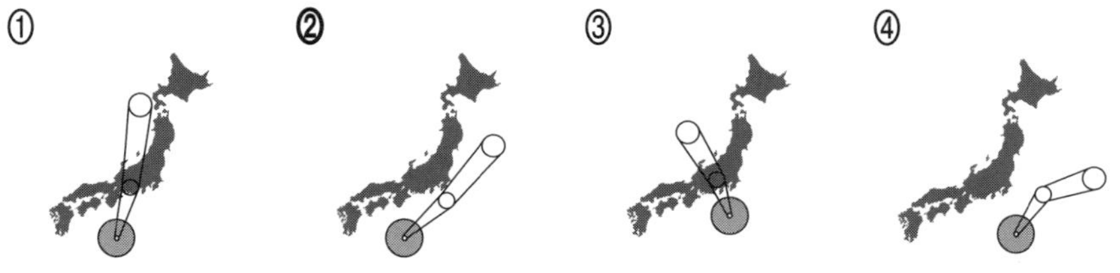

正解　②

解説　hit は台風・地震などの天災がある地域を襲うことを表すのによく使われる。won't hit ... but pass ～は not A but B の形になっている。close to A は「A のすぐ近くを」。

♪ won't [wóʊnt]（＝will not）と want [wɑ́(ː)nt] を聞き間違えないように注意しよう。

第2問

03-11 第２問〈日本語指示文〉

問 8 03-12

W：How about putting it to the left of the TV?

M：I'd like it near the sofa, so I can read more easily when I'm sitting there.

W：All right. How about here?

M：No, that's too close to the door. The other side would be better.

Question：Where does the man want to put the floor lamp?

訳

女性：テレビの左のほうに置いたらどう？

男性：ソファーの近くがいいな。座っているときに本を読みやすいように。

女性：わかったわ。ここでどう？

男性：いや，そこじゃドアに近すぎる。反対側のほうがいい。

問い：男性はどこに電気スタンドを置きたいのか。

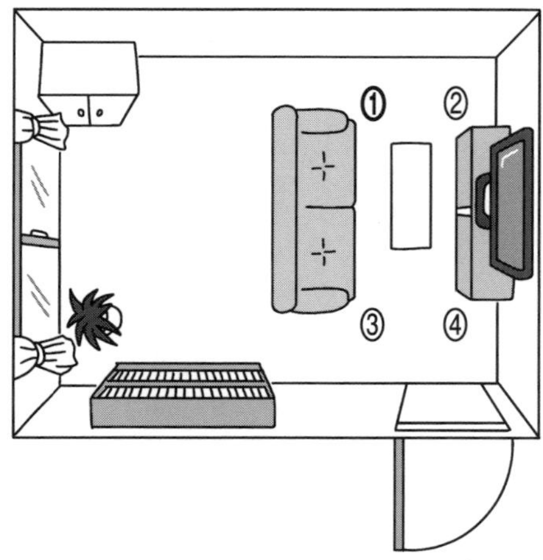

正解　①

解説　男性の最初のせりふから彼は電気スタンドをソファーの近くに置きたいことがわかる。したがって①か③にしぼられるが，男性が最後のせりふで「ドアに近すぎる，反対側がいい」と述べていることから，ドアに近い③ではなく①が正解だとわかる。so I can V は目的を表す so that I can V「私が V できるように」の省略。口語では so that は so だけになることが多い。

問 9 03-13

M：Do you see something now?

W：I see a creature with one eye swimming. Oh, it's gone.

M：Did it have two arms?

W：No, it had a long hair.

Question：Which creature did the woman see?

訳

男性：今はなにか見える？

女性：目が１個の生き物が泳いでいる。あ，行っちゃった。

男性：腕は２本あった？

女性：いいえ，長い毛が１本あった。

問い：女性はどの生き物を見たのか。

①

②

③

④

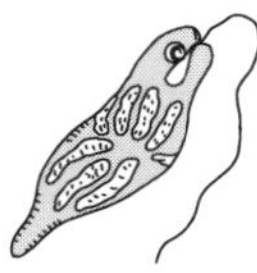

正解　④

解説　女性の最初のせりふから目が１つあることがわかるので①か④だとわかる。次に女性の最後のせりふの had a long hair から毛を１本持っている④が正解だとわかる。

問 10 03-14

W：I want to buy a Spanish dictionary. Where should I go?

M：Why don't you go to the bookshop near the museum?

W：You mean the one next to the cafe?

M：No, the one across from the supermarket.

Question：Which is the bookshop the man is talking about?

訳

女性：スペイン語の辞書を買いたいの。どこに行けばいい？

男性：博物館の近くの本屋に行ったら？

女性：喫茶店のとなりの店のこと？

男性：いや，スーパーの向かいの店だよ。

問い：男性が話している本屋はどれか。

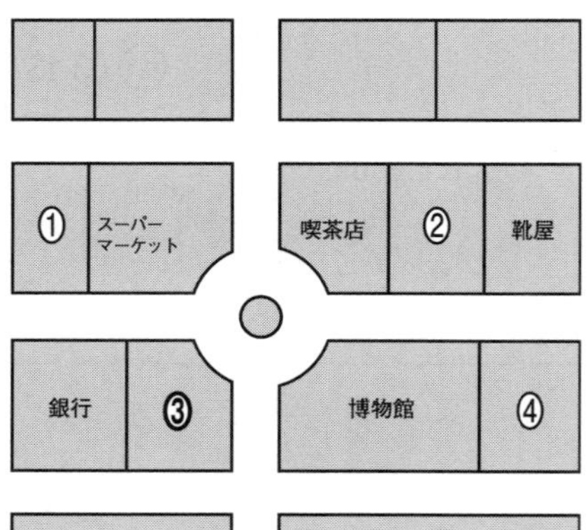

正解　③

解説　男性の最後のせりふから，スーパーの向かいにある③が正解。next to A「Aのとなりに」，across from A「〈道などをはさんで〉Aの向かいに」。

♪ one across がつながり「ワナクロス」に聞こえる。→❹

問 11　03-15

W：Do you remember where this photo was taken?
M：In Rome, I guess. Look at the ancient temple behind us.
W：Oh, it *is* Rome! And who is the old man next to you?
M：I have no idea.
Question：Which picture are they looking at?

訳
女性：この写真どこで撮ったか覚えてる？
男性：ローマだと思う。僕たちのうしろに古い寺院があるから。
女性：そうか，ローマだね！　で，あなたのとなりの老人はだれなの？
男性：わからない。
問い：２人はどの写真を見ているか。

①

②

③

④

正　解　①

解　説　男性の最初のせりふの behind us から写真には女性と男性が写っていることがわかる。次に女性の2つめのせりふの the old man next to you から男性のとなりに老人が写っていることがわかる。したがって正解は①。

第3問

(音声) 03-16 第３問〈日本語指示文〉

問 12 (音声) 03-17

M：Good evening, madam. May I help you?

W：Yes, I have a reservation.

M：May I have your name, please?

W：It's Charlotte Watson. Here's my confirmation email.

M：One moment, please. Oh, yes. Ms. Watson. You'll be staying for two nights. Could you fill in this form, please?

訳

男性：こんばんは。ご用ですか。

女性：はい，予約を入れています。

男性：お名前をいただけますか。

女性：シャーロット・ワトソンです。これが確認の e メールです。

男性：少々お待ちください。はい，ワトソン様ですね。二晩お泊まりですね。この用紙にご記入いただけますか。

問い：２人はどこで話しているか。

① 医院で。

② ホテルで。

③ 博物館で。

④ レストランで。

正　解　②

解　説　男性の最後のせりふのYou'll be staying for two nights.「二晩お泊まりですね」が聞き取れれば，これがホテルのフロントデスクでの会話だとわかる。ここで使われている未来進行形 will be staying は予定を表す用法。

問 13　03-18

M：I'd like to have next Thursday off.

W：Oh, but it's going to be a very busy week. I need everyone's help, you know.

M：I know, but I have to go to my brother's wedding.

W：Well, in that case I'll ask Naomi to work on Thursday.

M：That would be great. Thank you so much. I'll work on Friday to make up for it.

W：OK. I'll let Naomi have Friday off, then.

訳

男性：次の木曜日に休暇を取りたいんですが。

女性：えー，でも来週はとてもいそがしくなるのよ。みんなの手が要るの，わかるでしょう。

男性：わかっています。でも兄弟の結婚式に行かないといけないんです。

女性：うーん，では木曜はナオミに働いてもらうようたのんでみます。

男性：そうしていただくとうれしいです。ありがとうございます。その埋め合わせに金曜に働きます。

女性：わかったわ。じゃあ金曜日はナオミに休みをあげる。

問い：男性は来週何をするか。

①　木曜に休んで金曜は働く。

②　火曜に休んで金曜は働く。

③　木曜に働いて金曜は休む。

④　火曜に働いて金曜は休む。

正解　①

解説　男性は最初のせりふで I'd like to have next Thursday off.「次の木曜日に休暇を取りたい」と言い，女性が2つめのせりふで I'll ask Naomi to work on Thursday「木曜はナオミに働いてもらうようたのむ」と言っている。これに対し男性は I'll work on Friday to make up for it.「その埋め合わせに金曜に働きます」と述べる。したがって男性は木曜に休み，金曜は働くということになる。make up for A「A の埋め合わせをする」。

♪ in that case の that の [ð] が前の n に同化してつながり「イン**ナ**ッ」に聞こえる。→❻

問 14 03-19

W：When does the ship leave?

M：In about five minutes.

W：Can I get a cup of coffee over there? I feel a little cold.

M：I'm not sure. A lot of people are waiting in line for coffee. I think we'd better get on now.

W：You're right. Maybe we can get something to drink on board.

訳

女性：船はいつ出るの？

男性：あと５分くらいだ。

女性：あそこでコーヒーを買ってきていい？ ちょっと寒いから。

男性：さあどうかな。コーヒーを買うのに人がたくさん並んで待ってるよ。もう乗ったほうがいいと思う。

女性：そうね。船の上でなにか飲み物を買えるかもしれないし。

問い：会話から何が推測できるか。

① 男性は女性のためにコーヒーを買うつもりだ。

② 男性は船に乗ろうとしている女性を見送っている。

③ 女性は寒いから船に乗りたいと思っている。

④ コーヒーを買う時間がないかもしれない。

正 解 ④

解 説 女性が２つめのせりふで Can I get a cup of coffee over there?「あそこでコーヒーを買ってきていい？」とたずねたのに対し，男性は A lot of people are waiting in line for coffee. I think we'd better get on now.「コーヒーを買うのに人がたくさん並んで待ってるよ。もう乗ったほうがいいと思う」と答えていることから，彼は彼女がコーヒーを買う時間がないと考えていると思われる。したがって④が正解。①，③を推量させる情報はない。また we can get something to drink on board. という女性の最後のせりふから，２人はいっしょに船に乗ることがわかるので②は内容に合わない。

♪ In about が「イナバウト」，get on が「ゲロン／ゲラン」に聞こえる。→❹，❺

問 15　03-20

W：Excuse me. Would you mind helping me with my baggage?
M：No, not at all. Are you going to take a taxi?
W：No, I'm going to take a bus. Which way is the bus stop?
M：Are you going to the station?
W：No, I'm going downtown.
M：I see. Right this way.

訳

女性：すみません。荷物を運ぶのを手伝ってもらえませんか。
男性：いいですよ。タクシーに乗るんですか。
女性：いえ，バスに乗ります。バス停はどっちですか。
男性：駅に行くんですか。
女性：いいえ，ダウンタウンに行きます。
男性：わかりました。こっちです。

問い：会話から正しいと思われるのはどれか。

① 男性は女性が駅まで荷物を運ぶのを手伝っている。
② 男性は女性をタクシー乗り場まで案内している。
③ 男性は女性を手伝いたくない。
④ 女性はどこでバスに乗れるか知らない。

正解　④

解説　女性が2つめのせりふで Which way is the bus stop?「バス停はどっちですか」とたずねていることから④が正しいとわかる。help A with B「A を B のことで手伝う」，which way「どちらの方向」，Right this way.「こちらのほうへどうぞ」(right は強調)。これらの表現での way は「方向」を意味する。

問 16　03-21

W：Bill, let's stop for a minute. I think we're lost.
M：OK, let me check. It's good smartphones have GPS.
W：Yeah, we're lucky. And which way is the station?
M：That way. It's five kilometers from here.
W：OK, I hope there is a parking lot near the station.

訳
女性：ビル，ちょっと待って。私たち道を間違えたみたい。
男性：うん，ちょっと見てみる。スマホにGPSが付いているっていいよ。
女性：そうね，私たちラッキーだわ。で，どっちが駅なの？
男性：あっちだよ。ここから５キロだ。
女性：わかった。駅の近くに駐車場があるといいけど。
問い：彼らはなぜ駅までの距離がわかるのか。
① スマートフォンにGPSがついているから。
② 道路地図を持っていたから。
③ その地域をよく知っているから。
④ 立ち止まって人に聞いたから。

正解　①

解説　男性が最初のせりふで「スマホにGPSが付いているっていいよ」と述べ，２つめのせりふで「(駅まで) ５キロだ」と言っているので，スマートフォンのGPS機能で距離を知ったことがわかる。That way. の way は「方向」の意味で使われている。

問 17　03-22

W：You have to read this novel! It follows the adventures of a police officer in the year 2050!
M：Hmm, I prefer reading non-fiction. Besides, I'm not good at imagining the situation in science-fiction stories.
W：So you like historical books?
M：No, something comical and relaxing, like a travel diary.

訳

女性：この小説は絶対に読むべきよ。2050年の警察官の冒険を描いているのよ。

男性：うーん，僕はノンフィクションを読むほうが好きなんだ。それにSF小説の状況を想像するのが苦手なんだよ。

女性：じゃあ歴史物が好きなの？

男性：いや，旅行記のようなコミカルでリラックスできるものだ。

問い：男性はどんな本が好きか。

① 歴史上の人物の伝記。

② コミック本や旅行ガイド。

③ 本当のことを書いた面白いもの。

④ 未来の話。

正解　③

解説　男性は最初のせりふで「ノンフィクションを読むほうが好き」と言っている。ノンフィクションとは本当にあったことを描いたもので，また男性は最後のせりふで「コミカルで」と言っているので③が正解。最後の男性のせりふ「旅行記のようなコミカルで…」と②の「コミック本や旅行ガイド」とは異なるので注意。

第4問A

03-23 第4問A〈日本語指示文〉

問18～21　03-24

We all gathered at James's house to stay the night. We spent a couple of hours telling each other jokes, and James showed us some interesting card tricks. Then, after dinner, we sat down and watched a couple of horror movies, with some snacks, of course! We went to bed at 11:00. But of course we didn't sleep much! We told each other ghost stories until very late trying to scare each other as much as possible! Before going home after breakfast, we took the family dog out for a run in a field, all ending up exhausted. Well, except for the family pet!

訳

ジェームズの家に泊まるために，私たちは，みんなで彼の家に集合し，数時間ジョークを言い合って過ごし，それからジェームズが私たちに，トランプを使った面白い手品を見せてくれた。その後夕食を終えてくつろぎながら，ホラー映画をいくつか見た。もちろん，お菓子付きでね！　11時には床についた。けれども，もちろんあまり眠らなかった。私たちは遅くまで，それぞれお化けの話をして，できるだけお互いを怖がらせようとした。朝食後帰る前に，私たちは，ジェームズの家の犬を外に連れ出して，広場で放して遊ばせ，結局みんなくたくたになった。まあ，その犬を除いてはね。

正解　③→①→②→④

解説　James showed us some interesting card tricks.「ジェームズが私たちに，トランプを使った面白い手品を見せてくれた」に相当するシーンは③。watched a couple of horror movies, with some snacks, of course!「ホラー映画をいくつか見た。もちろん，お菓子付きでね！」を描いているのは①。We told each other ghost stories until very late trying to scare each other as much as possible!「私たちは遅くまで，それぞれお化けの話をして，できるだけお互いを怖がらせようとした」に対応するのは②の絵。we took the family dog out for a run in a field「私たちは，ジェームズの家の犬を外に連れ出して，広場で放して遊ばせた」に合うのは④である。

♪ at 11（at eleven）がつながって「アラレヴン」に聞こえる。→❺

語句
□ spend A Ving「V しながら A を過ごす」
□ snack「お菓子，おやつ」
□ ending up A「最後は A の状態になる」
□ card trick「トランプの手品」
□ scare「～を怖がらせる」
□ exhausted「疲れ果てた」

03-25〈日本語指示文〉

問 22 ～ 25　03-26

Extreme weather today. In Chicago, the temperature will be as expected, but in Seattle, the temperature will float between 0 and minus 12. In Washington DC, the average will be four times as warm as usual, whereas in Denver, temperatures will be average. In Miami, temperatures will be just under one third of normal, while Los Angeles will enjoy a sunny day of 5 degrees warmer than usual.

訳

今日は極端な天気です。シカゴでは，気温が予想通りになりそうですが，シアトルでは，0 度からマイナス 12 度の間で気温が変化するでしょう。ワシントン DC では，平均気温は平年の 4 倍高くなる見込みですが，デンバーでは平年並みでしょう。マイアミでは，いつもの 3 分の 1 を少し下回る気温となる一方で，ロサンゼルスでは日が照って，平年よりも 5 度暖かくなる見込みです。

アメリカの今日の天気			
都市		1 月の平均気温 (℃)	今日の平均気温 (℃)
	シカゴ	−6	22
	デンバー	0	
	ロサンゼルス	15	
	マイアミ	21	23
	シアトル	6	24
	ワシントン DC	2	25

第3回

正 解　22 ①　23 ③　24 ①　25 ④

解 説　読まれる天気予報に出てくる都市の順と表の中の都市の順がちがうので注意しよう。読まれる順に見ていくと，まずIn Chicago, the temperature will be as expected「シカゴでは，気温が予想通りになりそうです」と言われている。予想通りというのは表のAverage January Temperature「1月の平均気温」と同じと考えられるので 22 は①が正解。次にin Seattle, the temperature will float between 0 and minus 12.「シアトルでは，0度からマイナス12度の間で気温が変化するでしょう」から中間の気温は−6℃になるので 24 は①が正解。次にIn Washington DC, the average will be four times as warm as usual,「ワシントンDCでは，平均気温は平年の4倍高くなる見込みです」という説明から1月の平均気温2×4で8℃となり，25 は正解は④。最後にIn Miami, temperatures will be just under one third of normal「マイアミでは，いつもの3分の1を少し下回る気温となる」から 23 は1月の平均気温21℃の3分の1より少し下の③が正解となる。

語句
- □ extreme「極端な，ひどい」
- □ as expected「予想通り」
- □ whereas「一方」
- □ normal「普通」
- □ than usual「いつもより」
- □ temperature「温度」
- □ float「変動する」
- □ one third「3分の1」
- □ degree「度」

第4問 B

03-27 第4問 B〈日本語指示文〉

問 26　03-28

1. I'm from *All Star Travel*. Everything is included in the price, and exploring on foot, you'll be taken to hidden parts of the city that are not listed in guide books! Relax at midday, by dining at any of the three restaurants suggested by your tour leader.
2. I'm from *Cameron's Tours*. You can see the sights from a luxury air-conditioned bus and see what the city has to offer, with no additional costs. You'll receive lunch coupons with a list of recommended restaurants from your friendly guide.
3. We are from *Our Pleasure*. Enjoy travelling in style in a chartered taxi, allowing you to see more of what the town has to offer! Taste local foods at our favorite local restaurant, and enjoy the art museum district where all of the exhibitions are free of charge.
4. We are from *Visits for You*. Explore the city on an award-winning tour, with free time for lunch. You will pay extra for the historical sites you wish to enter, and end the day with a beautiful 90 minute hike along a spot of natural beauty.

訳

1. こちらはAll Star Travel社です。すべての料金が，旅行代金に含まれており，徒歩で散策することで，ガイドブックには載っていない街の穴場へとご案内します。ツアーガイドおすすめの3つのレストランの中から，お好きな店を選んでいただき，お食事をとりながら午後をおくつろぎください。
2. こちらはCameron's Tours社です。空調のきいた豪華バスから名所をお楽しみいただき，追加料金なしで街のスポットを観光することができます。おすすめのレストランのリストとランチクーポンを，気さくなガイドからお受け取りください。
3. こちらはOur Pleasure社です。貸し切りタクシーで観光を楽しみつつ，街のスポットをより隅々までお楽しみいただけます。わが社一番のおすすめの地元レストランで，ご当地料理に舌鼓を打ち，美術館街区では追加料金なしですべての作品鑑賞をお楽しみいただけます。

4. こちらはVisits for You社です。昼食時の自由時間のついた受賞歴のあるツアーで，この街の観光をお楽しみください。追加料金をお支払いいただくことで，ご所望の史跡の数々を巡ったり，自然豊かなスポットを90分かけて散策して堪能しつつ，1日を終えたりすることもできます。

問い：あなたが選ぶ可能性が最も高い旅行会社は［26］である。

正解　②

解説　上の訳の内容を表にまとめると次のようになる。

	条件A	条件B	条件C
① All Star Travel	×	○	○
② Cameron's Tours	○	○	○
③ Our Pleasure	○	○	×
④ Visits for You	×	×	○

Cameron's Toursの説明文にはYou can see the sights from a luxury air-conditioned bus「空調のきいた豪華バスから名所を見られる」と述べられているのでA.「あまり歩かない」という条件を満たしており，またwith no additional costs「追加料金なしで」からB.「入場料込み」を，receive lunch coupons with a list of recommended restaurants「おすすめのレストランのリストとランチクーポンをもらえる」からC.「レストランが選べる」を満たしていることがわかる。All Star Travelは条件Aを欠いている。Our Pleasureは条件Cを，Visits for Youは条件AとBを欠いている。

♪ 4. のo<u>n an a</u>ward-winningが「ア**ナナ**ウォードウィニング」のように聞こえる。
→❹

第5問

(音声) 03-29 第5問〈日本語指示文〉

問27～32　(音声) 03-30

An autonomous car is a self-governing car. In this case, self-governing means acting independently of the driver, or more specifically, without a driver actively operating any of the car's control systems. Because 'automated' describes more accurately the reality of this type of car, some argue that it should be used instead of the term 'autonomous,' though the latter is more often used.

A car that acts independently of the driver might sound unrealistic, but we already have automated operation in many airplanes. The pilot himself operates the airplane when it takes off from the airport, but after take-off, the pilot begins to use an automated system.

As you may know, the first truly automated car was developed here in Japan in 1977, by an engineering laboratory in Tsukuba City, Ibaraki Prefecture. The car used two cameras to track white markers on the street and used an analog, not digital, computer to interpret the information. The car reached speeds of up to 30 kilometers per hour, with some support measures.

Based on the current speed of development, fully autonomous cars won't be available in the next ten years. This is mainly because of the software, not the hardware: the autonomous car of a major carmaker can travel at a maximum speed of 80 kilometers per hour now. The level of the hardware of a car is likely to come closer to the level required, but the software still has a long way to go.

訳

自動運転車（完全自律走行型自動車：autonomous car）は自律型自動車です。この場合，「自律型の」とは，運転手から独立して，より具体的には，運転手が車のコントロール・システムをまったく能動的に操作することなしに動くということです。「自動化された（automated）」のほうがこのタイプの車の本質をより正確に描写していることから，それを「自律的（autonomous）」という用語の代わりに使うべきだと主張する人もいますが，後者のほうがより多く用いられています。

運転手から独立して動く車というのは非現実的に聞こえるかもしれませんが，すでに自動化操縦装置が多くの飛行機に搭載されています。パイロットは，空港からの離陸の際には，飛行機を自分で操縦しますが，離陸後，自動化されたシステムを使い始めます。

ご存じかもしれませんが，最初の真の意味での自動運転車はここ日本で1977年に，茨城県つくば市の工学研究所によって開発されました。その車は2つのカメラを使い，道路の上の白いマーカーを追跡して，デジタルではない，アナログのコンピュータで情報の解釈を行いました。その他の支援策により，この車は時速30キロの最高速度に到達しました。

現在の開発のスピードに基づくと，完全に自動化された車は，今後10年は利用できないでしょう。この主な理由は，ソフトウェアであり，ハードウェアではないのです。大手自動車メーカーの自動運転車は，現在最高時速80キロで走行することができます。車のハードウェアは，必要とされるレベルに近づく可能性がありますが，ソフトウェアはまだまだ先は長いのです。

ワークシート

○自律型自動車

自動運転車（Autonomous car）は，[27] 表現である。
自動運転車（Automated car）は，[28] 表現である。
* 同様のシステムを持つ飛行機のパイロットは，離陸中は自分で飛行機を操縦する。

・車は，運転手から独立して，言い換えると，運転手が車のコントロール・システムのいずれかを能動的に操作することなしに動く。
・完全な自動運転車の課題は広く利用可能になることである。
・[29] はもっと改良されねばならない。
・[30] は完全な自動運転車の必要事項を満たす可能性がある。

○自律型自動車の技術

	車のタイプ	コンピュータのタイプ	速度
1997年	最初の真の意味での自動運転車	アナログ	30 km/時（最高）
今日	自動運転車	デジタル	[31]（最高）

問27～30

訳

① 一般的に使われる　② ハードウェア
③ より正確な　④ ソフトウェア

正解　27　①　28　③　29　④　30　②

解説　27　第1パラグラフ第3文 ... 'autonomous,' though the latter is more often used「…『自律的（autonomous)』のほうがより多く用いられています」の部分より ① commonly used が正解。

28　第1パラグラフ第3文 Because 'automated' describes more accurately「自動化された（automated)」のほうが…より正確に描写していることから」の部分より ③ more accurate が正解。

29，30　第4パラグラフ最終文 The level of the hardware of a car is likely to come closer to the level required, but the software still has a long way to go.「車のハードウェアは，必要とされるレベルに近づく可能性がありますが，ソフトウェアはまだまだ先は長いのです」から，29 がソフトウェア（④），30 がハードウェア（②）となる。

問31

正解　③

解説　第4パラグラフ第2文 the autonomous car of a major carmaker can travel at a maximum speed of 80 kilometers per hour now.「大手自動車メーカーの自動運転車は，現在最高時速80キロで走行することができます」から ③ が正しい。

問32

訳

① 自動運転車は，運転手が車内にいないタイプの車である。
② 今後10年以内で，完全に自動化された車を見られそうである。
③ 最初の真の意味での自動運転車は日本で開発され，アナログのコンピュータを使用していた。
④ 今では飛行機は人間の操縦者に制御されることなく着陸できる。

正解　③

解説　①は第1パラグラフ第1，2文 An autonomous car is a self-governing car. In this case, self-governing means acting independently of the driver, or more specifically, without a driver actively operating any of the car's control systems.「自動運転車は自律型自動車です。この場合，『自律型の』とは，運転手から独立して，より具体的には，運転手が車のコントロール・システムをまったく能動的に操作することなしに動くということです」の部分より，車内に一応運転手がいるのだから正しくない。②は第4パラグラフ1文 fully autonomous cars won't be available in the next ten years「完全に自動化された車は，今後10年は利用できないでしょう」から誤りである。③が正解。第3パラグラフ第1文 the first truly automated car was developed here in Japan in 1977, by an engineering laboratory in Tsukuba City, Ibaraki Prefecture.「最初の真の意味での自動運転車はここ日本で1977年に，茨城県つくば市の工学研究所によって開発されました」から判断して正しい。④は第2パラグラフ第2文の The pilot himself operates the airplane when it takes off from the airport, but after take-off, the pilot begins to use an automated system.「パイロットは，空港からの離陸の際には，飛行機を自分で操縦しますが，離陸後，自動化されたシステムを使い始めます」より，離陸は人間によって行われていることがわかるが，着陸については触れられていないので誤り。

♪ 第4パラグラフの won't [wóʊnt]「ウォ**ウ**ント」を want [wɑ́nt]「**ワン**ト」と聞きまちがえないように気をつけよう。

語句
- □ autonomous「自立した，自律的」
- □ self-governing「自治の，自律的な」　□ act「行動する，作動する」
- □ more specifically「具体的に言うと，より具体的には」
- □ actively「能動的に，積極的に」
- □ control system「コントロール・システム，制御システム」
- □ automated「〈機械・コンピュータなどによって作業・仕事が〉自動化・オートメーション化された」
- □ describe「～を描写する，説明する」　□ accurately「正確に」
- □ argue「主張する」　□ take-off「離陸」
- □ as you may know「ご存じかもしれませんが，ご存じかと思いますが」
- □ develop「～を開発する」
- □ engineering laboratory「工学研究所」
- □ track「～を追跡する」　□ analog「アナログ」
- □ interpret「～を解釈する，通訳する」　□ up to A「最大［最高］でAまで」
- □ support measures「支援策」　□ fully「完全に，十分に」
- □ major「大手の」　□ carmaker「自動車メーカー」
- □ travel「進む，旅行する」　□ maximum「最大の，最高の」
- □ *be* likely to V「Vしそうである，Vする可能性がある」
- □ required「必要な，要求される」
- □ have a long way to go「まだ長い道のりがある，まだまだ先は長い」

問 33　　03-31

According to a world-wide survey on autonomous cars in 2015, people's opinions about autonomous cars vary from country to country. People in developing countries were more likely to try a self-driving car than those in developed countries. However, people in developing countries have concerns about technology more or less like those in developed countries. In developed countries, people especially see a need to introduce laws regarding self-driving. This could partly be because developed countries already have tight traffic rules in place, while traffic rules in developing countries are not fully established.

訳

2015年に，自動運転車について行われた世界的な調査によりますと，自動運転車についての人々の意見は国によって違います。発展途上国の人々は先進国の人々に比べて自動運転車をより試してみたいと思う傾向がありました。しかし，発展途上国の人々も先進国の人々とほとんど同じように，技術面について懸念を持っています。先進国では，人々は特に自動運転に法整備が必要だと考えています。これは，ひとつには先進国では，すでにしっかりとした交通ルールが定められているからかもしれません。一方で，発展途上国の交通ルールは完全には確立されていないのです。

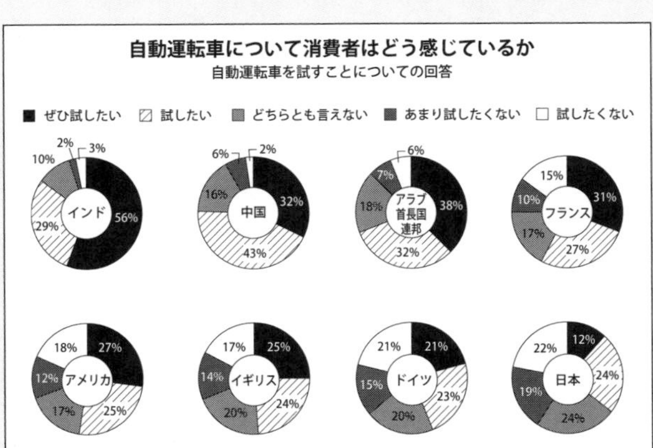

① **先進国の人々は，自動運転車に関する技術と法律を懸念している。**

② 発展途上国の人々はきびしい交通ルールに満足している。

③ 発展途上国の人々は同じ町に住む人たちと車を共有することを好む。

④ 飛行機の操縦に使われている自動化システムは自動運転車に応用されていない。

正　解　①

解　説　講義の続きの第３～４文から①が正解。②は講義の続き最終文から，発展途上国では交通ルールが完全には確立されていないとあるので，正しくない。③は車の共有については言及されていないことから，正しくない。④は自動化システムは車だけではなく飛行機にも使われているとあるが，飛行機の技術が車に応用されているかいないかは述べられていない。

♪ laws が「**ラーズ**」と聞こえるだろう。law は特にアメリカ英語では [lɔː]「ロー」ではなく [lɑ́ː]「**ラー**」と発音されることが多い。

語句
- □ world-wide survey「世界的な調査」
- □ vary from A to A「A によって変わる」
- □ concerns about A「A についての懸念」
- □ regarding「～に関する」
- □ more or less「ほとんど」
- □ establish「 ～を確立する」

第6問 A

03-32 第6問 A〈日本語指示文〉

問 34・35 03-33

Brad：Wow, this may be the best movie I've seen this year.

Lisa：Are you kidding? The music wasn't bad, but that was all. I almost fell asleep.

Brad：Really? That's a pity. What didn't you like about it?

Lisa：I read the book it was based on. None of the characters in the movie looked the way I had imagined them. Lots of the important details were left out, too. They could have made it more faithful to the book.

Brad：I understand how you feel, but I guess that's what always happens when you turn a book into a film. After all, the book and the film based on it are different works of art. I don't think you should expect a movie to be just the same as the original story.

Lisa：But I can't help having that expectation!

訳

ブラッド：いやー，これは今年見た最高の映画かもしれない。

リサ：うそでしょ？　音楽はわるくなかったけど，それだけだったわ。もうちょっとで眠っちゃうところだった。

ブラッド：ほんとに？　それは残念だな。どこが気に入らなかったの？

リサ：この映画の原作本を読んだの。映画のキャラはだれひとり私が想像していたのと似てなかったわ。大事な細かい部分もいっぱいはぶかれていたし。もっと本に忠実に作れたはずよ。

ブラッド：気持ちはわかるけど，それは本を映画化するといつも起きることだろう。だって本とそれをもとにした映画はちがう芸術作品なんだから。映画が原作とまったく同じだと期待すべきじゃないと思う。

リサ：でもどうしてもそんなふうに期待しちゃうのよ！

訳

問 34　ブラッドの主な主張は何か。

① 映画がその原作とちがうのは普通のことだ。

② 映画はその原作にはおよばない。

③ 映画を見るときはその原作を読むべきではない。

④ 映画にあまり多くのことを期待するべきではない。

第3回

正 解　①

解 説　リサが2つめのせりふで「登場人物が想像とちがった」,「細かいところがはぶかれていた」と映画が原作とちがうことに不満を言ったのに対し，ブラッドは3つめのせりふでI guess that's what always happens when you turn a book into a film.「それは本を映画化するといつも起きることだろう」と述べているので①が正解。さらに彼はthe book and the film based on it are different works of art.「本とそれをもとにした映画はちがう芸術作品なんだ」と言って，映画は原作とはちがうものだということを強調している。ブラッドは②，③，④のような発言はしていない。

訳

問35　リサの主な主張は何か。

① その映画を見るまえにその本を読むべきではなかった。
② その映画は原作本と同じくらいよかった。
③ その映画は自分が期待していたのとはちがった。
④ その映画の音楽がとてもよかったので眠りそうになった。

正 解　③

解 説　リサは2つめのせりふでNone of the characters in the movie looked the way I had imagined them. Lots of the important details were left out, too. They could have made it more faithful to the book.「映画のキャラはだれひとり私が想像していたのと似てなかったわ。大事な細かい部分がいっぱいはぶかれていたし。もっと本に忠実に作れたはずよ」と映画が期待に反して原作とちがっていたことを述べているので③が正解。①，②，④にあたるリサの発言はない。

語句
- □ a pity「残念なこと」
- □ leave A out「Aをぬかす」
- □ faithful「忠実な」
- □ can't help Ving「Vせずにいられない」

第6問 B

03-34 第6問 B〈日本語指示文〉

問 36・37 03-35

Tatsuo : In conclusion, school rules are helpful for the students to experience how to live in actual society in the future.

Moderator : Thank you, Tatsuo. Now, could we have some comments about his speech and the theme? First, Mr. Schmitt, please.

Mr. Schmitt : I'm very interested in your opinion about one of the functions of school rules. In my school days, I also felt that I was under the control of the teachers to make us act as they wanted. But you think otherwise. Do you really think they use rules to give the students the chance to learn how to live outside the school system?

Moderator : Tatsuo?

Tatsuo : I don't deny the fact that teachers use the rules to control their students, but I believe they do so because that kind of experience will help most of us accept the rules of the community we will live in.

Mr. Schmitt : I see.

Ms. Carter : Excuse me, but I'd like to say something.

Moderator : OK. You have a comment to make, Ms. Carter?

Ms. Carter : Yes, I do. When I was a junior high school student, they forced me to wear a skirt even though I really didn't want to, because I realized that I wanted to be like a boy, even though my body is female. The traditional school rules aren't necessary at all in this new era.

Moderator : I see. How would you answer that?

Tatsuo : I think that what Ms. Carter seems to be saying is a little different from the theme of my speech. We should focus on how to take advantage of school rules for the sake of the students, not on whether the rules are needed or not.

訳

タツオ：よって，校則は，生徒たちが将来の実社会で生き抜いていく方法を経験するのに有益なのです。

司会者：タツオさん，ありがとうございます。それでは，タツオさんの講演と演題に関してご意見をいただきましょうか。最初に，シュミットさん，お願いします。

シュミット氏：興味深かったのは，校則が持つ役割の1つに関するあなたのお考えです。学生時代，私も教員たちの管理下で，彼らの思い通りに行動させられているように感じていました。しかし，あなたは別の考え方をされていますね。教員たちが校則を用いて，学校のシステムの外での生き方を学ぶチャンスを生徒たちに与えていると，本当にお思いなのですか。

司会者：タツオさん，いかがでしょうか。

タツオ：教員たちが校則を用い，生徒たちを管理しているという事実を否定はしませんが，私の考えは，彼らがそうするのは，そのような経験によって，私たちの多くが，今後生活していくことになる社会の規則を受容しやすくなるからだということなのです。

シュミット氏：なるほど。

カーター氏：すみませんが，発言させてください。

司会者：わかりました，カーターさん，ご意見がおありなのですね。

カーター氏：そうです。私が中学生だった時，私はスカートをはかされていましたが，本当にはきたくありませんでした。なぜなら，体は女性であっても，自分が男子のようになりたいとわかっていたからなのです。このような伝統的な校則は，この新しい時代には全く必要のないものなのです。

司会者：なるほど。これにはどのようにお答えになりますか。

タツオ：私が思うに，カーターさんがおっしゃりたいのであろうことは，私の演題から少し外れています。私たちが注目すべきことは，生徒たちの利益のために校則をどのように利用すべきかということなのであって，校則が必要かどうかということではありません。

問 36

訳

A. 司会者
B. シュミット氏
C. カーター氏
D. タツオ

正 解 ④

解 説 カーター氏は自分がはきたくないスカートを校則によりはかされた体験を述べたあと，The traditional school rules aren't necessary at all in this new era.「このような伝統的な校則は，この新しい時代には全く必要のないものなのです」と明確に校則に否定的な意見を述べている。またシュミット氏はIn my school days, I also felt that I was under the control of the teachers to make us act as they wanted.「学生時代，私も教員たちの管理下で，彼らの思い通りに行動させられているように感じていました」と校則に対して否定的感情を抱いていたという発言をしている。したがってMr. Schmitt（B）とMs. Carter（C）の④が正解。

問 37

訳

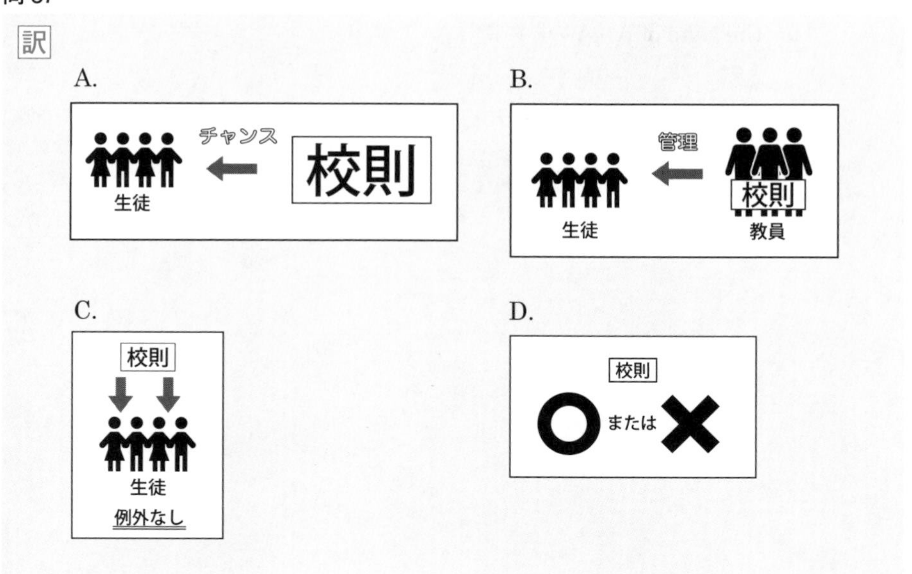

正 解 ①

解 説 タツオは最初の発言で school rules are helpful for the students to experience how to live in actual society in the future.「校則は，生徒たちが将来の実社会で生き抜いていく方法を経験するのに有益なのです」と述べている。またシュミット氏はタツオに対する質問で Do you really think they use rules to give the students the chance to learn how to live outside the school system?「教員たちが校則を用いて，学校のシステムの外での生き方を学ぶチャンスを生徒たちに与えていると，本当にお思いなのですか」とたずねている。以上の内容から，タツオは校則が学生たちに将来の生活にとって有益なチャンスを与えると考えているとわかる。したがって A の図は正しい。

またタツオはシュミット氏に対する答えの中で I don't deny the fact that teachers use the rules to control their students 「教員たちが校則を用い，生徒たちを管理しているという事実を否定はしません」と述べているので，B が表しているような教員による学生の管理の道具としての側面も認識していることがわかる。

以上により，正解は A と B の①。

♪ 最後の発言の終わりの文の not on は「ナラン」のように聞こえる。→❺

語句
- □ think otherwise「別の考え方をする」
- □ era「時代」
- □ focus on A「A に焦点をしぼる，集中する」
- □ take advantage of A「A を利用する」
- □ for the sake of A「A のために」

第４回　実戦問題

解答一覧

（100 点満点）

問題番号（配点）	設問		解答番号	正解	配点	自己採点欄
第１問（25）	A	1	1	②	4	
		2	2	②	4	
		3	3	②	4	
		4	4	①	4	
	B	5	5	①	3	
		6	6	③	3	
		7	7	④	3	
小計						
第２問（16）		8	8	②	4	
		9	9	①	4	
		10	10	④	4	
		11	11	②	4	
小計						
第３問（18）		12	12	③	3	
		13	13	①	3	
		14	14	①	3	
		15	15	③	3	
		16	16	②	3	
		17	17	③	3	
小計						

問題番号（配点）	設問		解答番号	正解	配点	自己採点欄
第４問（12）	A	18	18	①	4*	
		19	19	④		
		20	20	③		
		21	21	②		
		22	22	②	1	
		23	23	④	1	
		24	24	③	1	
		25	25	⑤	1	
	B	26	26	③	4	
小計						
第５問（15）		27	27	②	3	
		28	28	③	2*	
		29	29	②		
		30	30	①	2*	
		31	31	④		
		32	32	①	4	
		33	33	②	4	
第６問（14）	A	34	34	④	3	
		35	35	②	3	
	B	36	36	③	4	
		37	37	③	4	
小計						
合計						

（注）＊は，全部正解の場合のみ点を与える。

設問解説

第1問A

04-01 表題

04-02 第１問Ａ〈日本語指示文〉

問 1 04-03

Chris doesn't own a car, nor does he want one.

訳

クリスは車を持っていないし，ほしいとも思っていない。

① クリスは車を持っているがもう一台買いたいと思っている。

② クリスは車を持っていないし，またほしいとも思っていない。

③ クリスは今車をほしいが，それを買う余裕がない。

④ クリスは車があればいいのにと思っている。

正解 ②

解説 否定文のあとに nor＋助動詞 [be, do] ＋ S を置くと「…も～ない」という意味になるので ② が正解。

♪ ow**n a** が「オウ**ナ**」に聞こえる。→❹

問 2 04-04

This bag looks great, but do you have anything less expensive?

訳

このかばんはとてもいいけど，もう少し安いのはありますか。

① 話し手はそのかばんが気に入っているが値引きしてほしい。

② 話し手はそのかばんが高すぎると思っている。

③ 話し手はもっと高品質のかばんを買いたい。

④ 話し手は２つ以上のかばんを買いたい。

正解 ②

解説 話し手の発話の意図を考えさせる問題。話し手は一応そのかばんをほめているが，それより安いものはないかとたずねていることからそのかばんが高すぎると考えていることがわかる。

問３　04-05

I hardly studied for the final exam, and so, naturally, I failed it.

訳

私は期末試験の勉強をほとんどしなかったので，当然ながら落第した。

① 私は試験に合格するためによく勉強したのに合格できなかった。

② 私は期末試験に受かるのに十分な勉強をしなかった。

③ 私は期末試験の準備をするのに苦労した。

④ 私は期末試験に受かるようよく勉強してなんとか合格した。

正解　②

解説　hardly V「ほとんどＶしない」とＶ hard「いっしょうけんめいＶする」を聞き間違えないように注意しよう。hardly は否定文で not を置く位置に使うが，hard は動詞のあとに置かれる。

問４　04-06

I think you should have checked the battery before you turned on the recorder.

訳

録音機の電源を入れるまえに電池をチェックするべきだった。

① あなたが電池をチェックしなかったから問題が起きた。

② あなたは録音機の電源を入れたあと電池を充電した。

③ あなたは電池を充電したあと録音機を使わなかった。

④ 録音中電池のレベルに注意せねばならない。

正解　①

解説　should have Ved は「Ｖするべきだったのに（しなかった）」という意味で，過去のことについて反省したり非難したりするときに使われる。相手が電池をチェックせずに録音機の電源を入れてしまったので，録音ができていなかったなどの問題が起き，話し手は相手を責めているのである。よって①が正解。

♪ shoul**d ha**ve の [h] が弱いので「シュダヴ」に聞こえる。→❸

第 1 問 B

04-07 第 1 問 B〈日本語指示文〉

問 5　04-08

If Ken hadn't hurried, he would have been late, and Emma would have left.

訳

ケンは急がなかったら遅れていただろう，そしてエマは行ってしまっていただろう。

正　解　①

解　説　仮定法過去完了 if S had V_1ed, S would [could, might] have V_2「もし S が V_1 していたら S は V_2 していただろう」は過去の事実の逆のことを表すのに使われる。したがって現実にはケンは急いだので遅れず，エマは行ってしまわなかったということになるので ① が正解。

♪ woul**d ha**ve の [h] が弱いので「ウ**ダ**ヴ」に聞こえる。→❸

問 6　04-09

The cat is lying on her stomach with her legs folded.

訳

猫は腹ばいで脚をまげて寝ている。

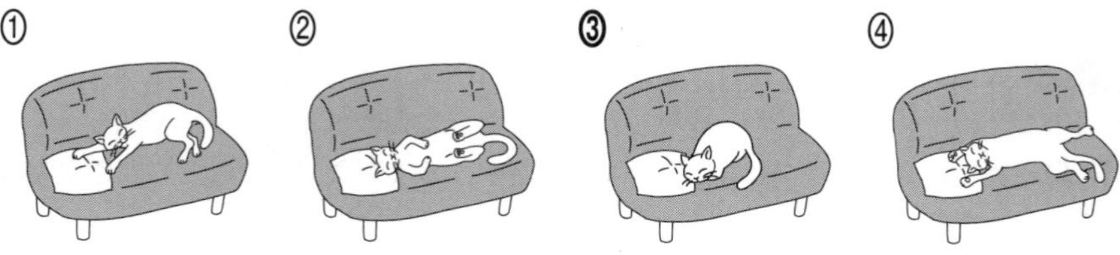

正　解　③

解　説　on one's stomach は「おなかの上に乗って→腹ばいで」の意味。with one's legs folded はいわゆる付帯状況の with の表現で，「脚が折りたたまれた状態で，脚をまげて」の意味を表す。したがって ③ が正解。

問７　　04-10

The man is taking the picture off the wall.

訳

男性は壁から絵をはずしている。

①

②

③

④

正解　④

解説　take A off B は「A を B から取りはずす」。この off は前置詞。of と聞き間違えないように注意しよう。wall と war も紛らわしいので気をつけよう。

第2問

🔊 04-11 第２問〈日本語指示文〉

問８　🔊 04-12

M：Monthly sales increased from October to November.

W：Yeah, that's what we all expected.

M：But how would you explain the drop after that?

W：I have no idea. They were projected to continue to rise in December.

Question：Which graph matches what they are talking about?

訳

男性：10 月から 11 月にかけて月間の売上が増えた。

女性：はい，それはみんなが予想したことです。

男性：でもそのあとの減少はどう説明する？

女性：わかりません。12 月は増加し続けると予想されていました。

問い：２人はどのグラフについて話しているか。

①
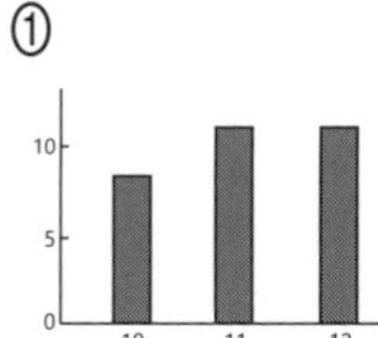

❷
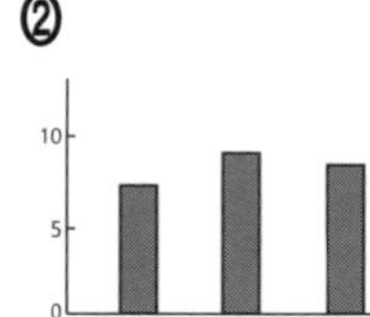

③
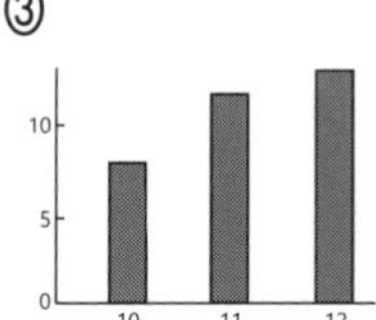

④
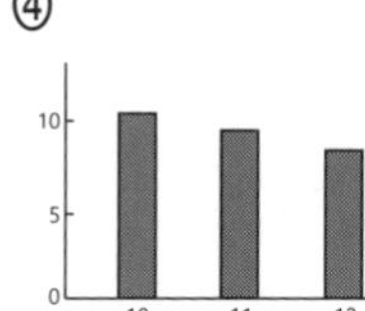

正解　②

解説　男性の最初と２つめのせりふと，最後の女性のせりふから，11 月は売り上げが増えたが 12 月には減ったことがわかる。

問９　🔊 04-13

W：Excuse me, can you tell me how to get to City Hall?

M：Sure. Go straight up this street and turn left at the first light.

W：Take the first left?

M：Yes, and then turn right at the next corner.

Question：Which is the location of the city hall?

訳

女性：すみません，市役所への行き方を教えていただけますか。

男性：いいですよ，この通りをまっすぐ行って最初の信号で左にまがりなさい。

女性：最初を左に行くんですね。
男性：そう，それから次の角で右にまがりなさい。
問い：市役所の場所はどれか。

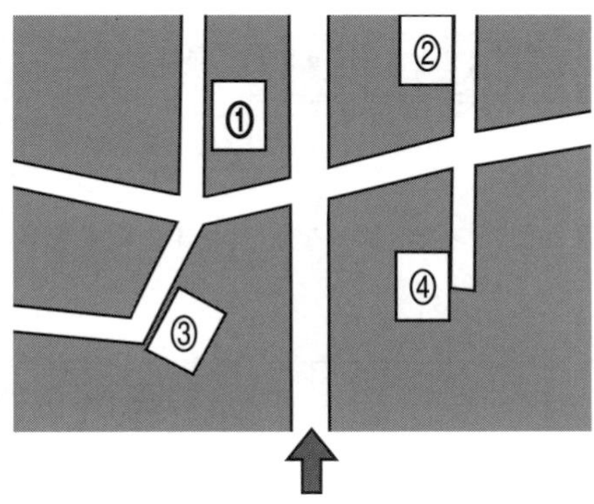

正解　①

解説　男性の「最初の信号で左にまがりなさい」に対して女性が「最初（の交差点）を左に行くんですね」と確認し，男性がそれにYesと言っているので，最初の交差点は左にまがることになる。次に男性の「それから次の角で右にまがりなさい」という指示に従うと，①にたどりつく。at the first light は「最初（の交差点）の信号で」の意味。また light「信号」を right と間違えないように注意しよう。Take the first left は「最初（の角）を左に行く」（= Turn left at the first corner）という意味の省略的表現。

問 10　04-14
W：Can you guess what number comes next in this sequence?
M：I have no idea.
W：If you find the pattern, it's very easy.
M：Aha! If you add the first and second numbers, you get the third.
Question：Which sequence of numbers are they talking about?

訳
女性：この数列の次に来る数字がわかる？
男性：わからない。
女性：規則性を見つければとても簡単だよ。
男性：あ！　最初の数と２つめの数を足すと３つめになる。
問い：２人はどの数列について話しているか。

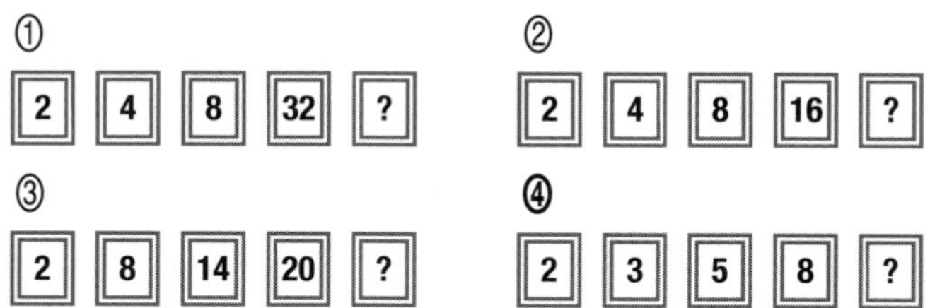

正解　④

解説　男性の２つめのせりふから，最初の数２と２つめの数３を足すと３つめの数５となる④が正解。

問 11　04-15

W：I'd like to have a pet.

M：Why not look at the dogs at the dog shelter?

W：Dogs aren't allowed in my apartment. Cats aren't, either.

M：How about birds?

W：Well, they're noisy and you have to feed them too often.

Question：Which would be the most suitable pet for the woman?

訳

女性：ペットがほしい。

男性：犬の保護施設で犬を見たらどう？

女性：私のアパートでは犬はだめなの。猫もだめ。

男性：鳥はどう？

女性：うーん，鳥はうるさいし何度もえさをやらないといけない。

問い：この女性にとって最も適していそうなペットはどれか。

①

②

③

④

正解　②

解説　女性の２つめのせりふから犬と猫は飼えないとわかる。また女性の最後のせりふから鳥は飼いたくないとわかるので，消去法で残るのは②の魚となる。Why not + V「V してはどうか」は提案を表す表現。

第３問

(音声) 04-16 第３問〈日本語指示文〉

問 12 (音声) 04-17

M：How much time do we have before our train leaves?
W：Let's see .... What time is it?
M：Just a moment. It's ... five-fifty.
W：Then we still have fifteen minutes.
M：I'll get something to read on the train. I'll be back in five minutes.

訳
男性：電車が出るまでどれくらいある？
女性：ええっと…。今何時？
男性：ちょっと待って。今…５時 50 分。
女性：じゃあまだあと 15 分ある。
男性：なにか電車で読むものを買ってくる。５分でもどるよ。
問い：電車はいつ出るか。
① ５時 30 分
② ５時 50 分
③ ６時５分
④ ６時 40 分

正解　③
解説　男性が２つめのせりふで今の時刻を five-fifty「５時 50 分」と言ったのに対し，女性が Then we still have fifteen minutes.「じゃあまだあと 15 分ある」と言っているから，電車の発車時刻は６時５分だとわかる。

問 13 (音声) 04-18

M：My father just called from the station and said he missed the last bus.
W：Does he need a ride?
M：I'm afraid he does. It's too far to walk, and it's hard to get a taxi.
W：Don't worry. I'll pick him up.
M：Thanks a lot.
W：No problem. Tell him I'll be right there.

訳
男性：おとうさんが駅から電話してきて最終バスに遅れたって。

女性：車で迎えに来てほしいの？
男性：どうもそうらしい。歩くには遠すぎるし，タクシーはつかまえるのもむずかしい。
女性：心配しないで。迎えに行くわ。
男性：どうもありがとう。
女性：いいのよ。おとうさんに私がすぐ行くって言って。
問い：男性の父はこれからなにをするか。

① 女性の車に乗せてもらう。
② タクシーに乗る。
③ 次のバスを待つ。
④ 駅から家まで歩く。

正解 ①

解説 女性が２つめのせりふで I'll pick him up.「私が彼を迎えに行く」と言っているので，男性の父は彼女が運転する車に乗せてもらうと考えられる。pick A up「A を車に乗せる」，I'll be right there.「すぐにそこに行く」。

問 14 04-19

W：Can I help you?
M：I want some flower pots for my roses. How much is this one?
W：Usually it's five dollars, but today it's fifty percent off.
M：Oh, really? In that case, I'll take four of them.
W：OK. Just a moment.

訳

女性：ご用ですか。
男性：うちのバラを植える鉢をいくつかほしいんです。これはいくらですか。
女性：いつもは５ドルですが，今日は 50％引きです。
男性：えっ，そうなんですか。じゃあ４つ買います。
女性：わかりました。少しお待ちください。
問い：男性はいくらはらうか。

① 10 ドル
② 15 ドル
③ 20 ドル
④ 25 ドル

正　解　①

解　説　男性が植木鉢の値段をたずねると，女性は Usually it's five dollars, but today it's fifty percent off.「いつもは5ドルですが，今日は50%引きです」と答えている。そして男性は In that case, I'd take four of them.「じゃあ4つ買います」と言っているから5ドル×4の半額で10ドルとなる。

問15　04-20

M：You know I have a tennis match tomorrow afternoon. I hope the weather is nice.
W：Yeah, I hope so too, but the weatherman says it's going to rain.
M：Oh, no, not again! This match has already been put off once.
W：What if it does rain? Will it be put off again?
M：Well, I don't think they can afford to do that. They'll have no choice but to hold it.
W：That's too bad.

訳

男性：ぼくが明日の午後テニスの試合に出るのは知っているよね。天気がよければいいな。
女性：うん，私もそう思うけど，天気予報では雨になるって言ってた。
男性：えー，まいったな，またか！　この試合はもう1回延期されてるんだ。
女性：本当に雨が降ったらどうするの？　また延期されるの？
男性：うーん，もうそんな余裕はないと思う。やるしかないよ。
女性：大変だね。

問い：明日はどうなる可能性が高いか。

① 天気のせいでテニスの試合は永久に中止になる。
② テニスの試合は行われるがこの男性は参加しない。
③ 天気がよくてもよくなくてもテニスの試合は行われる。
④ テニスの試合はまた延期される。

正　解　③

解　説　女性の2つめのせりふ What if it does rain? Will it be put off again?「本当に雨が降ったらどうするの？　また延期されるの？」に対し，男性が They'll have no choice but to hold it.「やるしかないよ」と言っているので，雨でも晴れでも試合は行われる可能性が高い。

♪ What if が「ワリフ」，put off が「プロフ」のように聞こえる。→❺

問 16 04-21

M：I love this gray sweater. What do you think? It's so comfortable!

W：The simple design is great, but look, there's a small hole in it!

M：You're right! Is this one too bright? I'm not sure about the stripes.

W：Not at all. And the size is perfect for you.

訳

男性：このグレーのセーターはすごくいい。どう思う？　とても着心地がいいよ。

女性：シンプルなデザインはいいけど，でも見て，小さな穴があいているよ。

男性：本当だ！　こっちは派手すぎるかな？　このストライプは微妙だな。

女性：そんなこと全然ないよ。サイズもぴったりだし。

問い：1枚目のセーターの問題点はなにか。

①　サイズが合っていない。

②　穴があいている。

③　色があざやかすぎる。

④　女性はストライプが嫌いだ。

正解　②

解説　女性の最初のせりふにあるように，最初のセーターは小さな穴があいているのが欠点なので②が正解。I'm not sure about ～は気にいらないことを遠まわしに言うときに使われることがある。

問 17 04-22

W：I'm so sorry I'm late!

M：What happened? Was the train late? Or did you miss the bus again?

W：No, I decided to come by bike as the weather is so nice, but I left my purse behind and had to go back for it! I ended up calling a taxi!

訳

女性：遅れてしまって本当にごめんなさい！

男性：どうしたの？　電車が遅れたの？　それともまたバスに乗り遅れたの？

女性：いいえ，天気がとてもいいから自転車で来ようと思ったんですが，さいふを置いて来てしまって，取りにもどらないといけなかったんです。結局タクシーを呼ぶことになってしまいました。

問い：その女性はどうやって仕事に来たのか。

① 自転車で。
② バスで。
③ タクシーで。
④ 電車で。

正解　③

解説　最後の女性のせりふに「結局タクシーを呼ぶことになってしまいました」とあるので，女性はタクシーを使ったことがわかる。

語句　□ end up Ving「結局Ｖすることになる」

第4問A

04-23 第4問A〈日本語指示文〉

問18～21 04-24

Two days ago, I was going on a date with Yuki, but the train I took was delayed by thirty minutes. I tried many times to call her and tell her I was going to be late, but she didn't answer her phone. After I got off the train I rushed to the meeting place, but she wasn't there. It seemed that she had already left. I thought she was mad at me. I called her that night and apologized, explaining why I couldn't make it there in time. She said she was sorry because she had completely forgotten about our date.

訳

2日前，ぼくはユキとデートに行く予定だったが，ぼくが乗った電車は30分遅れた。ぼくは何度も彼女に電話して遅くなると言おうとしたが，彼女は電話に出なかった。ぼくは電車を降りて待ち合わせの場所に急いだが，彼女はそこにいなかった。彼女はもう帰ってしまったようだった。ぼくは彼女がぼくに腹を立てていると思った。その夜ぼくは彼女に電話し，なぜ間に合うように待ち合わせ場所に行けなかったかを説明して謝った。彼女は「ごめんなさい，デートのことをすっかり忘れていたわ」と言った。

正解 ①→④→③→②

解説 the train I took was delayed by thirty minutes. I tried many times to call her and tell her I was going to be late, but she didn't answer her phone.「ぼくが乗った電車は30分遅れた。ぼくは何度も彼女に電話して遅くなると言おうとしたが，彼女は電話に出なかった」に相当するシーンは①。I rushed to the meeting place, but she wasn't there.「待ち合わせの場所に急いだが，彼女はそこにいなかった」を描いているのは④。I called her that night and apologized, explaining why I couldn't make it there in time.「その夜ぼくは彼女に電話し，なぜ間に合うように待ち合わせ場所に行けなかったかを説明して謝った」は③の場面。She said she was sorry because she had completely forgotten about our date.「彼女は『ごめんなさい，デートのことをすっかり忘れていたわ』と言った」に対応するのが②である。

♪ 第３文の got off は「ガラフ」のように聞こえる。最後の文の she had は had の [h] も [d] も弱く「シーア」のように聞こえる。→❶，❷，❺

語句 □ *be* delayed「遅れる」 □ rush to A「A に急いで行く」
□ *be* mad at A「A に腹を立てる」 □ make it「間に合う，うまくたどりつく」

04-25〈日本語指示文〉

問 22 ～ 25　04-26

We're going to recruit two teachers. First, for the beginners' class, we need one who speaks good Japanese. Let's see ... Ken's Japanese is great, but he has very little teaching experience. Probably Anne is better. Her Japanese is pretty good, and she has the most experience. And we have to pick another for the Business English class. Ruth is second to Anne in terms of experience, but speaks no Japanese. Chris has only half as much experience as Ruth, but his Japanese is OK. Who would you choose?

訳

講師を２人採用しよう。まず，初心者クラスを担当する日本語がうまい先生が必要だ。ええっと，ケンの日本語はすばらしいが，教職経験がとても浅い。たぶんアンのほうがいい。日本語はかなりうまいし，経験がいちばん豊富だ。それからビジネス英語のクラスにもうひとり選ばないといけない。ルースは経験はアンの次に多いが，日本語はまったく話さない。クリスはルースの半分しか経験がないが，日本語はだいじょうぶだ。君ならだれを選ぶ？

① なし　② ３カ月　③ ３年
④ ６年　⑤ ８年

名前	出身国	日本語能力	英語の教職経験
ポール	カナダ	初級	２年
ケン	アメリカ	上級	22
ルース	イギリス	なし	23
クリス	アメリカ	中級	24
リチャード	アメリカ	初級	２年
アン	オーストラリア	中級	25

正解　22 ②　23 ④　24 ③　25 ⑤

解説　Ken's Japanese is great, but he has very little teaching experience.「ケンの日本語はすばらしいが，教職経験がとても浅い」から，ケンについては選択肢の中で，①none「なし」ではなく，最も短い②three months だろうと考えられる。次にアンについては she has the most experience「経験がいちばん豊富だ」から⑤eight years であろうと思われる。次にルースとクリスについては，Ruth is second to Anne in terms of experience,「ルースは経験はアンの次に多い」と Chris has only half as much experience as Ruth,「クリスはルースの半分しか経験がない」の２つから，ルースが④six years，クリスが③three years であることがわかる。

語句　□ recruit「〈人〉を（組織や団体に）入れる，補充する」
□ pick「～を選ぶ」

第4問 B

04-27 第 4 問 B〈日本語指示文〉

問 26　04-28

1. Del Mar is conveniently located in a peaceful neighborhood near public transportation. It is also within walking distance of Westlake Shopping Mall. The rent is 535 dollars plus utilities. Pets are welcome.
2. If you live alone and your budget is limited, I recommend Sunrise. The rent is just 420 dollars. It faces a busy shopping street so it might not be very quiet, but it is cheap because of that. Pets are not allowed.
3. The Chalet is eighty years old but was recently renovated. It's spacious, modern and clean. This apartment is in a calm residential area, yet close to downtown. The rent is 515 dollars excluding gas, water, electricity and service costs.
4. Westgate Apartment is rather far from downtown, but it's in a quiet residential area with easy access to the Red Line Metro. There's a large swimming pool that is shared with the other tenants. The rent is 485 dollars plus utilities.

訳

1. デルマールは便利な場所にあって周囲は静かで公共交通機関にも近い。ウェストレイクショッピングセンターにも歩いて行ける距離にある。家賃は 535 ドルで光熱費はそれにプラス。ペットを飼うのは自由。
2. もしひとり暮らしで予算が限られているならサンライズがおすすめだ。家賃はたった 420 ドル。にぎやかな商店街に面しているのであまり静かではないかもしれないが，そのせいで安い。ペットは禁止。
3. シャレイは築 80 年だが最近改装された。広くて近代的で清潔だ。このアパートは静かな住宅街にあるが，ダウンタウンに近い。家賃は 515 ドルで，ガス・水道・電気とサービス費は別。
4. ウェストゲイトアパートはダウンタウンからはかなり遠いが静かな住宅街にあり，地下鉄レッドラインに乗るのに便利だ。大きなプールがあって他の住民と共有になっている。家賃は 485 ドルで光熱費は別。

問い：あなたが選ぶ可能性が最も高いアパートは 26 である。

正 解　③

解 説　上の訳の内容を表にまとめると次のようになる。

	条件 A	条件 B	条件 C
① デルマール	○	○	×
② サンライズ	○	×	○
③ シャレイ	○	○	○
④ ウェストゲイト	×	○	○

downtown とは都市の中心部の繁華街だから，そこに近いということは買い物には便利であると判断できる。①デルマールは家賃が 530 ドルより高い。②サンライズは静かな環境とは言えない。④ウェストゲイトはダウンタウンから遠いので買い物に便利でない可能性がある。③シャレイだけが A，B，C すべての条件を満たしている。

語句
- □ *be* located in A「A に位置する」
- □ neighborhood「周辺，近所」
- □ public transportation「公共交通機関」
- □ within walking distance of A「A から歩ける距離以内」
- □ rent「家賃，賃貸料」
- □ utilities「(電気ガス水道などの) 光熱費［公共料金］」
- □ budget「予算」
- □ renovate「～を改装する」
- □ spacious「広い」
- □ residential area「住宅地」
- □ excluding「～を除いて」
- □ with easy access to A「A に簡単に行ける」
- □ tenant「借り主」

第5問

04-29 第5問〈日本語指示文〉

問 27 ～ 32　04-30

What do you think we will be eating in the future? You may be surprised to hear we will be eating more insects. As the world's population grows and we become richer, our demand for meat also grows. However, traditional farm animals such as cows are not good for the environment. One environmentally friendly answer to this problem is to eat insects. In fact, insects as food are already becoming more popular. In 2023, the insect market is expected to be worth over $50 million in the US. That's expected growth of around $40 million since 2019.

Compared to insects, traditional meat is bad for the environment for many reasons. First, large farm animals require a huge amount of food and water in order to produce meat. Second, these animals require a lot of space. Every year, many forests are lost to agriculture. Third, these farm animals release large amounts of greenhouse gasses. A recent report suggests that cows are responsible for more gas emissions than cars and planes put together. This is having a terrible effect on the environment. Edible insects can solve all of these problems.

Although insects don't look as good as a steak or a slice of bacon, they are actually very nutritious. 200g of crickets contain 31g of protein and 8g of fat. In comparison, 200g of beef contain around 22g of protein and 11g of fat. They also contain large amounts of vitamins and minerals and contain relatively few calories.

Do you think you will be eating insects in the future?

訳

私たちは将来何を食べているだろう？　私たちがもっと昆虫を食べているだろうと聞くと君たちは驚くかもしれない。世界の人口が増えて私たちが豊かになるにつれ，肉の需要も増える。しかし，牛などの従来の家畜は環境によくない。この問題に対する環境にやさしい解決策のひとつが昆虫を食べることだ。実際，食品としての昆虫の人気はすでに高まりつつある。2023年には昆虫市場はアメリカで5,000万ドルを超える規模になると予想されている。それは2019年と比較するとほぼ4,000万ドル成長するという見込みになる。

昆虫に比べると，従来の肉は多くの理由で環境に有害だ。第1に大きな家畜は肉を生産するのに莫大な量のえさと水を必要とする。第2にこれらの家畜にはたくさんの土地が必要だ。毎年多くの森が農業のために失われている。第3にこれらの家畜は大量の温室効果ガスを出す。最近のある報告によると牛が原因で自動車と飛行機を合わせたよりも多くのガスが放出されている。これは環境にひどい影響をあたえている。食用昆虫によってこれらすべての問題を解決できる。

昆虫はステーキやベーコンのスライスほどおいしそうには見えないが，実はとても栄養がある。200gのコオロギには31gのたんぱく質と8gの脂肪が含まれる。これに対して200gの牛肉にはおよそ22gのたんぱく質と11gの脂肪が含まれる。コオロギにはまた豊富な量のビタミンとミネラルが含まれ，カロリーは比較的少ない。

君たちは自分たちが将来昆虫を食べていると思いますか。

ワークシート

○予想される食用昆虫の市場の拡大（アメリカ）

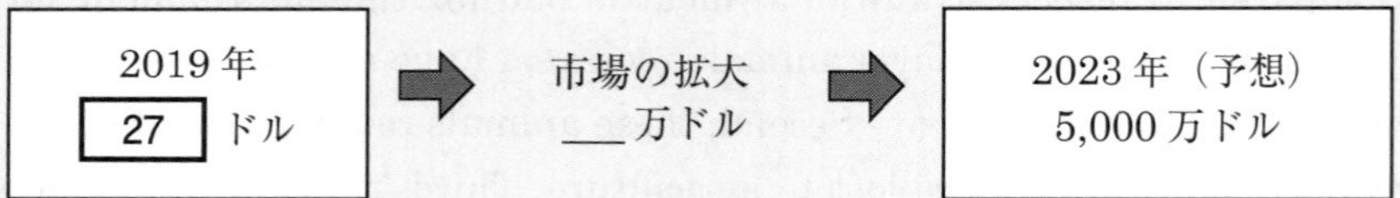

○食料としての昆虫 ― 健康と環境についての分析（牛肉との比較）

環境への影響			健康・栄養	
飼育の効率	多い		カロリー	低い
必要な 28	少ない		30	低い
必要な水	少ない		31	高い
29	少ない		ビタミン／ミネラル	高い

問27

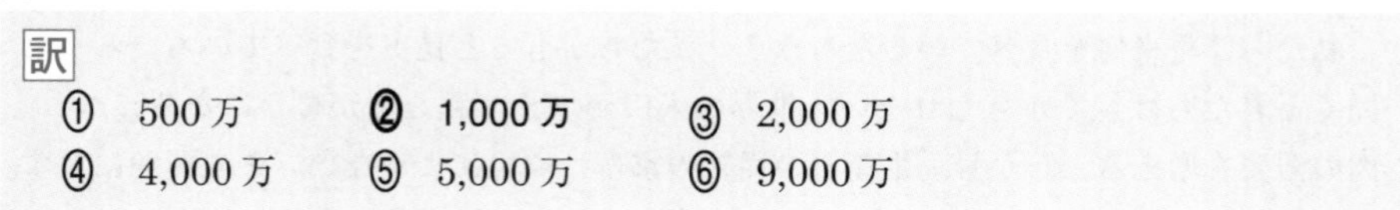
訳

① 500万　② 1,000万　③ 2,000万
④ 4,000万　⑤ 5,000万　⑥ 9,000万

正解 ②

解説 第1パラグラフ最後の2文 In 2023, the insect market is expected to be worth over $50 million in the US. That's expected growth of around $40 million since 2019.「2023年には昆虫市場はアメリカで5,000万ドルを超える規模になると

予想されている。それは2019年と比較するとほぼ4,000万ドル成長するという見込みになる」の部分より，2019年度の市場規模は$50 million − $40 millionで，②10 millionが正解。

問28～31

訳
① 脂肪　② ガスの放出量　③ 土地　④ たんぱく質

正解　28 ③　29 ②　30 ①　31 ④

解説　28　第2パラグラフ第3文 Second, these animals require a lot of space.「第2にこれらの家畜にはたくさんの土地が必要だ」，および第2パラグラフ最終文 Edible insects can solve all of these problems.「食用昆虫によってこれらすべての問題を解決できる」から，昆虫は家畜ほど土地を必要としないことがわかるので，③が正解。

29　第2パラグラフ第5文 Third, these farm animals release large amounts of greenhouse gasses.「第3にこれらの家畜は大量の温室効果ガスを出す」と，第2パラグラフ最終文から昆虫は家畜ほど温室効果ガスを出さないと考えられるので②が正解。

30　第3パラグラフ第2，3文 200g of crickets contain 31g of protein and 8g of fat. In comparison, 200g of beef contain around 22g of protein and 11g of fat.「200gのコオロギには31gのたんぱく質と8gの脂肪が含まれる。これに対して200gの牛肉にはおよそ22gのたんぱく質と11gの脂肪が含まれる」の部分から，昆虫のほうが脂肪分が少ないので①が正解。

31　同じく第3パラグラフ第2，3文 200g of crickets contain 31g of protein and 8g of fat. In comparison, 200g of beef contain around 22g of protein and 11g of fat.「200gのコオロギには31gのたんぱく質と8gの脂肪が含まれる。これに対して200gの牛肉にはおよそ22gのたんぱく質と11gの脂肪が含まれる」から④が正解。

問 32

訳

① **昆虫を食べることで環境や人口増加に関する問題が解決するかもしれない。**
② 肉を食べるのは環境には害があるが人間の健康にはよい。
③ 昆虫は食品として人気が高まっており，それはアメリカ経済にとってよいことである。
④ 昆虫は環境面での理由で肉より人気が高くなりつつある。

正 解 ①

解 説 第1パラグラフには世界の人口が増え肉の需要が増えることに対して One environmentally friendly answer to this problem is to eat insects.「この問題に対する環境にやさしい解決策のひとつが昆虫を食べることだ」（第5文）とあり，また第2パラグラフでは 28 ， 29 の解説のように，肉と比べて昆虫のほうが環境に対する影響が少ないことが述べられている。したがって ① が正解となる。④のように人気が肉より高まっているとは述べられていない。②，③ に相当することは述べられていない。

♪ 第2パラグラフ第2文の water は「ワーラ」のように発音されている。→❺
文中の twenty はすべて「トゥエニ」に聞こえる。→❻

語句
- □ insect「昆虫」
- □ demand「需要」
- □ traditional「伝統的な」
- □ environmentally friendly「環境にやさしい」
- □ expected「予想される」
- □ a huge amount of A「莫大な量の A」
- □ agriculture「農業」
- □ greenhouse gasses「温室効果ガス」
- □ *be* responsible for A「A に責任がある」
- □ gas emission「ガスの放出」
- □ put together「合わせる」
- □ edible「食用の」
- □ nutritious「栄養がある」
- □ cricket「コオロギ」
- □ protein「たんぱく質」
- □ in comparison「これに対して」
- □ relatively「比較的」

問 33

04-31

It is not only the human population that is growing. The richer people become, the more pets they keep. For example, the pet population in China grew from 390 million in 2013 to around 510 million in 2017, which required huge amounts of meat. Now look at the graph. What can the pet food industry do to increase their profits and help the environment?

訳

増えているのは人口だけではない。人は豊かになるにつれ，より多くのペットを飼うようになる。例えば，中国のペットの数は2013年の3億9,000万匹から2017年のおよそ5億1,000万匹に増えて，莫大な量の肉が必要となった。ではグラフを見なさい。ペットフード産業が利益を増やし，かつ環境のためになるには何をすることができるか。

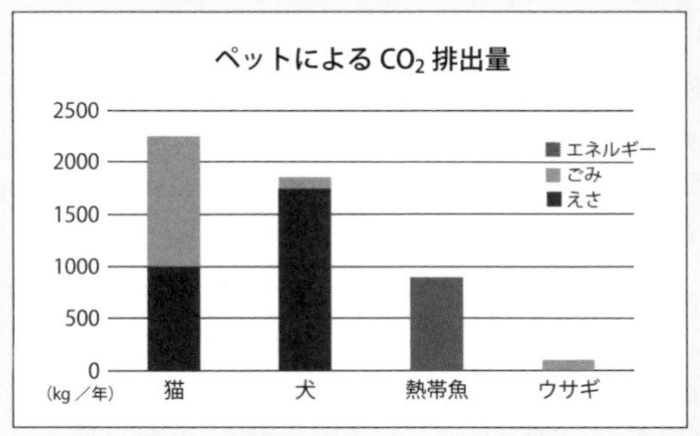

① ペットフード産業は猫や犬ではなく魚を飼うことを促す運動をすることができる。

② ペットフード産業は肉の代わりに昆虫を使って犬や猫のえさを作りはじめることができる。

③ ペットフード産業は昆虫から魚のえさを作りはじめることができる。

④ ペットフード産業は中国のような国々で犬や猫のために肉を売りはじめることができる。

正解　②

解説　グラフを見ると，猫と犬の飼育による CO_2 排出量が大きく，しかもこのふたつではfood「えさ」の割合が大きいことが読み取れる。また，講義の続きにある the pet population in China grew from 390 million in 2013 to around 510 million in 2017, which required huge amount of meat.「中国のペットの数は2013年の3億9,000万匹から2017年のおよそ5億1,000万匹に増えて，莫大な量の肉が必要となった」と，前半の講義の第2パラグラフ第5文に述べられている Third, these farm animals release large amounts of greenhouse gasses.「これらの（肉用の）家畜は大量の温室効果ガスを出す」から，猫や犬が増えるとえさの肉を作るために大量の温室効果ガス（CO_2）が放出されることがわかる。以上の情報から，犬や猫のえさに肉のかわりに昆虫を使えば CO_2 の排出が減少し，環境問題の解決に貢献できると予想できる。またそれを製造する会社はペットが増えるほど多くの利益を得られると考えられる。したがって②が正解となる。

語句　□ industry「産業」　□ profit「利益」

第6問A

04-32 第６問Ａ〈日本語指示文〉

問 34・35　　04-33

Mr. Baker：How do you think we can encourage kids to read more?
Ms. Watson：How about giving them points for each book they read? And the points could be exchanged for prizes.
Mr. Baker：How could you tell they have really read a particular book?
Ms. Watson：By giving them a quiz on the content of the book.
Mr. Baker：Well, I don't think that's a very good idea. Reading is supposed to be fun. Rewarding them might send the message that it's not. We should try to show them that reading is really enjoyable.
Ms. Watson：If it's really fun for them, why do they read so little? If they do something they don't like, they should get some kind of reward.
Mr. Baker：But if you then stop rewarding them, they'll stop reading.
Ms. Watson：Not necessarily. At least some of them might continue to read. Who knows?

訳

ベイカー：子供たちにもっと読書をさせるにはどうしたらいいと思う？
ワトソン：本を１冊読むごとにポイントをあげるのはどうかしら？　そしてそのポイントは賞品と交換できるの。
ベイカー：子供たちが本当にある本を読んだかどうかどうやって知るの？
ワトソン：本の内容についてのテストをしたらいい。
ベイカー：うーん，それはあまりいい考えじゃないと思うな。読書は楽しいはずなんだ。報酬をあげると読書は楽しくないものだというメッセージをあたえることになるかもしれない。読書は本当に楽しいということを教えてあげる努力をすべきだね。
ワトソン：でももし子供たちにとって読書が本当に楽しいのなら，どうしてこんなに少ししか本を読まないの？　したくないことをしたのなら，なにかの報酬をもらうべきでしょう。
ベイカー：でもそのあとほうびをあたえなくなれば子供たちは読書をやめるよ。
ワトソン：そうとは限らないわ。少なくとも一部の子供たちは読書を続けるでしょう。たぶんね。

訳

問 34　ベイカーの主な主張はなにか。

① 子供たちが本当にいい本を読むことが重要だ。
② 子供たちが本当に本を読んだかどうかチェックすることが重要だ。
③ 子供たちがなぜ本をあまり読まないかをつきとめることが重要だ。
④ 子供たちに読書がどんなに楽しいか教えることが重要だ。

正解　④

解説　ベイカーは３つめのせりふでReading is supposed to be fun.「読書は楽しいはずなんだ」と述べ，このせりふの最後でWe should try to show them that reading is really enjoyable.「読書は本当に楽しいということを教えてあげる努力をすべきだね」と発言しているので④が正解である。①，②，③に相当する発言はない。

♪ *be* supposed to V「Vするはずだ；Vすることになっている」のsupposed toは[səpóʊzdtə]ではなく[səpóʊstə]「サポウスタ」のように発音されることに注意しよう。→❻

訳

問 35　ワトソンの主な主張はなにか。

① 報酬は子供たちが本当にいい本を見つけることを促しうる。
② 報酬は子供たちをもっと本を読む気にさせうる。
③ 報酬は子供たちが読んだ本から学ぶ助けになるかもしれない。
④ 報酬は読書を子供たちにとって楽しいものにするだろう。

正解　②

解説　ベイカーの最初のせりふHow do you think we can encourage kids to read more?「子供たちにもっと読書をさせるにはどうしたらいいと思う？」に対して，ワトソンはHow about giving them points for each book they read? And the points could be exchanged for prizes.「本を１冊読むごとにポイントをあげるのはどうかしら？そしてそのポイントは賞品と交換できるの」と答えていることから，彼女が「報酬は子供たちをもっと本を読む気にさせうる」と考えていることがわかるので②が正解。①，③，④のような発言はしていない。

第6問 B

04-34 第 6 問 B〈日本語指示文〉

問 36・37　　04-35

PTA representative : OK, so let's summarize the main views regarding extended breaks at school. Principal, you mentioned the scientific effects.

Principal : Right. Research proves that moving around causes water and oxygen to flow to the brain, enhancing its capacity after a break.

Mother : As a mother, I worry about the equipment allowed in the school yard as it can encourage bad behavior. My daughter dislikes going outside because of boys who kick balls at her, and there are often fights about who will use what.

PTA representative : I think the opposite. If our kids don't have an outlet to release some of their youthful energy, then trouble tends to appear in the classroom.

Teacher : Well, when we teachers teach class these days, we use a lot of stimulating activities and technology to make the lessons fun. Students don't just sit down to hear lectures and use workbooks anymore.

Principal : With government-set goals, school rankings and demands of outside tests, my staff are under a lot of pressure to get the best possible performance from the students.

Mother : Yes, and I chose this school for my daughter because of its excellent results.

Principal : Our results are great, and more breaks shouldn't change that. In fact, we know that the more active a child is at school, the more he or she will be active at home. That includes doing homework.

Teacher : But active lessons take planning. When will we do this if we are watching the kids outside on breaks and teaching until late?

PTA representative : Well, before we vote, let's ...

訳

PTA 代表：それでは，学校の休み時間延長について，主な意見をまとめましょう。校長先生は，科学的な効果を述べられましたね。

校長：そうです。動き回ることで水分と酸素が脳に流れこみ，休んだ後の脳の能力が高められるということが研究で明らかになっています。

母親：母親としては，校庭で許可されている用具が悪い行動につながりかねないことを心配しています。私の娘は，男の子たちが娘に向かってボールをけってくるので外に出るのを嫌がっています。それにだれが何を使うかでもめていることも多いです。

PTA 代表：私は逆に考えています。子供たちが若いエネルギーをいくらかはき出せるようなはけ口がなくなると，今度は教室でトラブルが起きるようになるでしょう。

教師：ええと，近頃ではわれわれ教師が授業を行うときには，授業が楽しくなるような刺激的な活動や技術をたくさん使っています。生徒はただ座って授業を聞き課題をするだけ，ということはもうないですよ。

校長：運営上の目標や学校のランキングに外部テストの要求など，先生方は生徒から最高の成果を引き出すために多くのプレッシャーにさらされています。

母親：はい，私もそのすばらしい結果を見て娘のためにこの学校を選びました。

校長：すばらしい結果を出していますし，休み時間が増えてもそれは変わるべきではありません。実際のところ，子供たちが学校で活発になれば，家庭でもますます活動的になることがわかっています。それには家庭学習をすることも含まれます。

教師：とはいえ，活発な授業をするには計画が必要です。休み時間には外にいる子供たちを見守り，夜遅くまで教えているとすると，いつそれができるでしょうか。

PTA 代表：では，採決をする前にまず…

問 36

訳

A.　母親
B.　校長
C.　PTA 代表
D.　教師

正 解 ③

解 説 発言の中に否定的表現が含まれているかどうかに注意しよう。母親は最初の発言で，休み時間の子供たちの行動に関し，一貫して次のような否定的な意見を述べている。

I worry about the equipment allowed in the school yard as it can encourage bad behavior.「校庭で許可されている用具が悪い行動につながりかねないことを心配しています」, My daughter dislikes going outside because of boys who kick balls at her「私の娘は，男の子たちが娘に向かってボールをけってくるので外に出るのを嫌がっています」, there are often fights about who will use what「だれが何を使うかでもめていることも多いです」

したがって，母親は休み時間を延長することに対しても反対していると考えられる。

一方，教師は明確に否定的な表現を使っているわけではないが，休み時間の延長に明らかに賛成しているPTA代表の2つめの発言に対し異議をとなえているので，間接的に休み時間の延長に反対していることがわかる。この部分の議論の内容を見てみよう。

PTA代表：If our kids don't have an outlet to release some of their youthful energy, then trouble tends to appear in the classroom.「子供たちが若いエネルギーをいくらかはき出せるようなはけ口がなくなると，今度は教室でトラブルが起きるようになるでしょう」

教師：when we teachers teach class these days, we use a lot of stimulating activities and technology to make the lessons fun. Students don't just sit down to hear lectures and use workbooks anymore.「近頃ではわれわれ教師が授業を行うときには，授業が楽しくなるような刺激的な活動や技術をたくさん使っています。生徒はただ座って授業を聞き課題をするだけ，ということはもうないですよ」

PTA代表の発言にある an outlet to release some of their youthful energy「若いエネルギーをいくらかはき出せるようなはけ口」とは休み時間を指している。つまり休み時間がじゅうぶんでないと生徒が教室でトラブルを起こすと主張しているわけである。これに対し教師は，授業中にも刺激的な活動を取り入れており，生徒は座って授業を聞くだけではないので，休み時間をこれ以上増やす必要はないことを間接的に主張している。

一方，校長は，次の問37の解説にあるように，休憩がそのあとの脳の働きを高めると述べていることから，休憩を増やすことには好意的であると推測できる。

以上により，正解は母親（A）と教師（D）の③。

問 37

訳

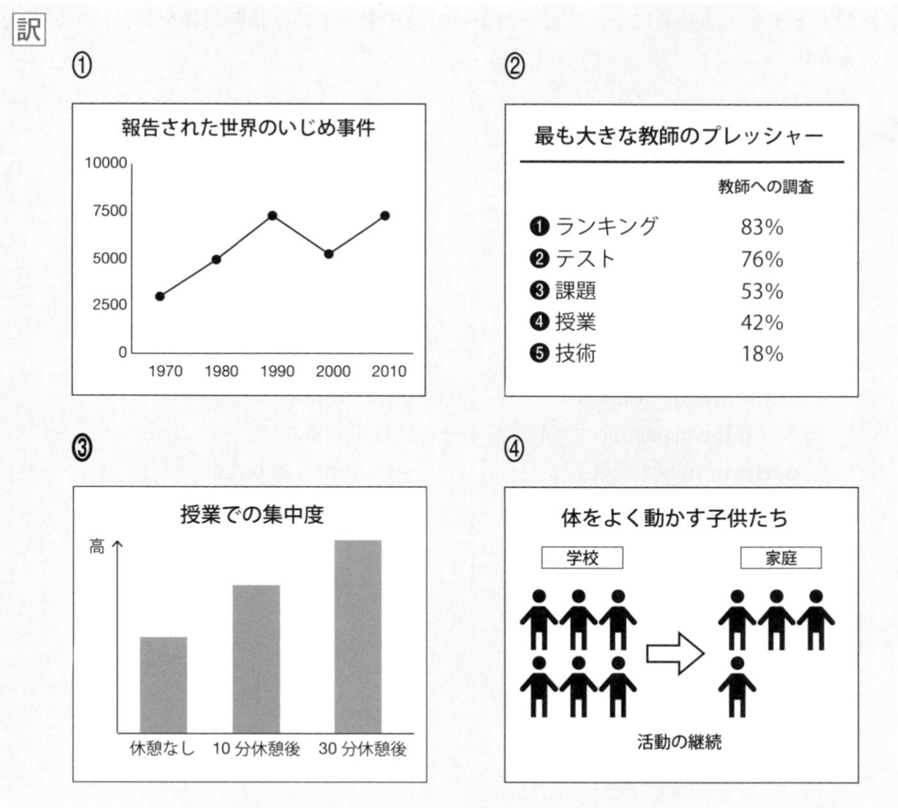

正解　③

解説　校長は最初の発言で次のように述べている。

Research proves that moving around causes water and oxygen to flow to the brain, enhancing its capacity after a break.「動き回ることで水分と酸素が脳に流れこみ，休んだ後の脳の能力が高められるということが研究で明らかになっています」

この部分の内容を裏付けるのに最もふさわしいのは，休憩の量と授業での集中度の相関関係を表している③のグラフである。校長の発言の中に①に関係する内容はない。②は教師のプレッシャーのランキングである。校長は2つめの発言で「先生方は生徒から最高の成果を引き出すために多くのプレッシャーにさらされている」と述べているだけで，プレッシャーの順位についてなにかを主張しているわけではないので，校長の意見を支持するとまでは言えない。④は学校で活発な子供の6人中4人が家庭でも活発であることを示していると思われるが，校長の最後の発言にある the more active a child is at school, the more he or she will be active at home.「子供たちが学校で活発になれば，家庭でもますます活動的になることがわかっています」という相関関係を裏付けているとは言えない。

語句
- □ summarize「～をまとめる」
- □ regarding「～に関する」
- □ break「休憩」
- □ oxygen「酸素」
- □ capacity「能力」
- □ school yard「校庭」
- □ release「～を放出する」
- □ stimulating「刺激的な」
- □ view「意見」
- □ extended「延長された」
- □ principal「校長」
- □ enhance「～を高める」
- □ equipment「設備」
- □ outlet「はけ口」
- □ youthful「若い」
- □ government「運営」
- □ *be* under pressure「プレッシャーを受けている」
- □ performance「成果」
- □ excellent「優れた」
- □ vote「採決する」

[参考]

http://affia.org/wp-content/uploads/2016/12/6_Thomas-Weigel_Insects-as-Food-Market-Potential.pdf

http://global-project.weebly.com/pros--cons.html

http://www.endangeredlanguages.com/

https://adonis49.wordpress.com/2014/10/11/causes-of-wildlife-species-decline-over-50-reduction-in-the-last-4-decades/

https://insectdeli.weebly.com/disadvantages.html

https://ja.wikipedia.org/wiki/%E6%B6%88%E6%BB%85%E5%8D%B1%E6%A9%9F%E8%A8%80%E8%AA%9E%E3%81%AE%E4%B8%80%E8%A6%A7

https://prezi.com/qsuifg00ti5x/pros-and-cons-of-recess-in-schools/

https://www.chinapetmarket.com/china-pet-population-and-ownership-2019/

https://www.dw.com/en/your-cat-is-killing-the-earth-but-you-can-prevent-it/a-40003245

https://www.earthintransition.org/2015/07/cecil-is-the-least-of-it/

https://www.independent.co.uk/environment/climate-change/cow-emissions-more-damaging-to-planet-than-co2-from-cars-427843.html

https://www.isbe.net/Documents/recess_pros_cons.pdf

https://www.reuters.com/brandfeatures/venture-capital/article?id=64359

https://www.statista.com/chart/4092/how-do-consumers-feel-about-self-driving-cars/

付録集

会話表現集 144
地図問題の攻略 153

会話表現集

【1】 誘いと提案の表現

□	**Why don't you + V ...?**	「Vしたらどうですか」
□	**Why not + V ...?**	「Vしたらどうですか」
□	**Why don't we + V ...?**	「(いっしょに) Vしませんか」
□	**Shall we + V ...?**	「(いっしょに) Vしましょうか」
□	**Can I + V ...?**	「Vしてあげましょうか」
□	**Shall I + V ...?**	「Vしてあげましょうか」
□	**Do you want me to + V ...?**	「Vしてほしいですか」
□	**Would you like me to + V ...?**	「Vしてほしいですか」(ていねい)
□	**How about + Ving ...?**	「Vしてはどうですか」
□	**Would you like to + V ...?**	「Vしたいですか，Vしませんか」

◖例◗

A：**Why don't we** go for a drive?

B：I really don't feel like it.

A：Well, what **would you like to** do?

★ shallを使う表現はイギリス英語。Can I + V? は普通「Vしていいですか」の意味だが，Can I get you something to drink? では「飲み物をお持ちしましょうか」の意味になる。

【2】 依頼の表現

□	**Can you + V ...?**	「Vしてくれますか」
□	**Could you + V ...?**	「Vしていただけませんか」
□	**Would you mind + Ving ...?**	「Vしていただけませんか」
□	**Would you mind not + Ving?**	「Vしないでいただけますか」
□	**I wonder if you could + V.**	「Vしていただけないでしょうか」
□	**I was wondering if you could V.**	「Vしていただけないでしょうか」

★一般に助動詞は（仮定法）過去形を使うほうがていねいな依頼になる。

◖例◗

A：**Could you give** me a ride?

B：Sure. Shall I pick you up at 5:30?

【3】 許可を求める表現

□ **Let me ＋ V.**	「V させてください」
□ **Can I ＋ V?**	「V してもいいですか」
□ **Could I ＋ V?**	「V してもよろしいでしょうか」
□ **May I ＋ V?**	「V してもいいですか」
□ **Do [Would] you mind if I ＋ V?**	「私が V してもかまいませんか」
□ **Do [Would] you mind my ＋ Ving?**	「私が V してもかまいませんか」

★ mind を用いる表現はかたい表現。答え方に注意。文字どおりの意味は「V するのはいやですか」だから承諾するときは否定表現を用いて「いやではない」ことを表すのが正式。たとえば (No,) Not at all. / Certainly not. / Of course not. などで承諾を表わす。ただし，実際には Sure. / Certainly. などで答えることも多い。承諾できないときは Yes, I do mind. などと答える。

【4】 応答の表現

□ **Yes, let's.**	「ええ，そうしましょう」
□ **Sure.**	「承知した／いいよ」（依頼に対する軽い返事）
□ **That'll be fine.**	「それでけっこうです」
□ **That depends.**	「それは場合による」
□ **With pleasure.**	「ええ，喜んで」
□ **Be my guest.**	（依頼に対し）「どうぞお使い［お取り］ください」 「私がおごります」
□ **Why not?**	①（提案に対して）「いいとも／そうしよう」 ②（相手の否定文に対して）「なぜ？」
□ **Of course not.**	「もちろんそんなことはありません」
□ **Me, too.**	「私もそうです」（肯定文に対して）
□ **Me, neither.**	「私もそうではありません」（否定文に対して）
□ **Really?**	「本当ですか」

□	**(That) sounds great!**	「すばらしい考えだね！」(主語は省略が多い)
□	**That's too bad.**	「それは気の毒に／それは残念だ」(**Too bad.** とも言う)
□	**That's a pity [a shame].**	「それは残念だ」≒ **What a pity!**
□	**I'm sorry to hear that.**	「それは気の毒に」
□	**Never mind.**	「気にしないで」 (**Don't mind** とは言わない。**Don't worry.** は可)
□	**I insist.**	「そう言わずにぜひ」(遠慮する相手に強く勧めるとき)
□	**Are you sure?**	「本当にいいの？」(念を押すときに使う)

◖例◗

A：We're having a party. Would you like to come?

B：Is it all right if I bring a friend with me?

A：**Why not?**

B：Then I'd love to come.

【5】 様子をたずねる表現

□	**How are you?**	「元気ですか／ごきげんいかが？」
□	**How are you getting along?**	「元気ですか／ごきげんいかが？」
□	**How are things (going) with you?**	「状況はどうですか？」
□	**How are you doing?**	「元気でやっていますか」
□	**How have you been?**	「元気でしたか」(久しぶりの時)
□	**What's wrong (with you)?**	「どうしたんですか」
□	**What's the matter (with you)?**	「どうしたんですか」
□	**What's up (with you)?**	「どうしたんですか」
□	**Is everything OK?**	「(すべて) うまくいってる？／ だいじょうぶ？」

★表中の上5つは How are you? のバリエーション。下4つは困っている人などにかける言葉。

◖例◗

A：**How are things going with you?**

B：Not bad.

A：That's good to hear.

【6】 謝罪の表現

□	**Excuse me.**	「ちょっとすみません／失礼します」
□	**Sorry.**	「すみません／申し訳ありません」
□	**Pardon?**	「すみませんが，もう一度言ってください」

★Excuse me. は軽い謝罪のほか，知らない人に呼びかけたり，会話にわりこんだり，席を立ったりするときに使う。Sorry. は主に自分に落ち度があることを認めて謝罪するときに使う。

例 **Excuse me.** Can you tell me how to get to Laurel park from here?
「すみません。ここからローレル・パークへ行く道を教えてくれませんか」
Sorry, I gave it to him yesterday.
「ごめん。それはきのう彼にあげちゃったんだ」

【7】 これはセットで覚えよう（1）

A：**Would you mind + Ving ...?**
「V していただけませんか」（直訳：V するのはいやですか）
B：**Not at all.**
「ええ，いいですよ」（直訳：いいえ，全然）

★頼みを受け入れるなら**否定**で応じることに注意。他に **Of course not. / Certainly not. / Sure.** などで答えてもよい。

【8】 これはセットで覚えよう（2）

A：**Would you + V ...?**	「V しませんか」
B：**Yes, I'd love to.**	「ええ，喜んで」

★ I'd love to. は I would love to + V を略したもの。**I'll be glad to.** も同じ意味。

【9】 これはセットで覚えよう（3）

A：Thank you very much.　「どうもありがとう」
B：You're welcome.　「どういたしまして」

★「どういたしまして」の意味で使われる表現には，他に **Not at all. / Don't mention it. / No problem.** がある。また **(It was) my pleasure.**「どういたしまして，こちらこそ（お役に立てて）うれしかったです」も使われる。

【10】 その他の重要会話表現

□ **split the bill (equally)**　「割り勘にする」

★直訳すると「請求書を分割する」。ask for separate checks「別々に会計してもらう」も使われる。

□ **I'll tell you what.**　「こうしたらどうかな／いい考えがある／実を言うとね」

★提案するとき，話を切り出すときに前置きにする。

□ **Could I [we] have A, please?**　「A（料理など）をいただけますか」

★ていねいに注文するときの表現。

□ **I couldn't agree more.**　「まったく同感だ」

★直訳すると「これ以上同意のしようがない」，つまり「100％同意している」という意味になる。

□ **Calm down!**　「落ち着きなさい」

★興奮している相手をたしなめる表現。**Relax!**，**Take it easy!** なども似た意味で使う。

□ **What a relief!**　「ああほっとした」

★「なんという安心だ！」が直訳。**That's a relief.**「それで安心した」も既出。

例　A：Relax! I made a copy of it earlier today.「安心して！　それきょうコピーしたんだ」
　　B：**What a relief!**「ああよかった」

□ **Hold it!**　「待って」

□ **Here you go.**　「はいどうぞ」

★物を渡すときの表現。**Here you are.** と同じ意味。

□ **How would [do] you like your A?**　「A をどんなふうにしますか」

★コーヒーに砂糖やミルクを入れるか，卵をどう料理するかなどの注文を聞く表現。

□ **I'd like to, but ...**　「そうしたいのですが…」

★誘いを断るときに用いる。but 以下に断る理由を入れる。**I wish I could, but ...**「そうできたらいいのですが…」も同じ状況で使う。

□ **you know**　「ねえ／ほら／知ってるだろう／…でしょ」

★文頭，文中，文末に使う。**you see** も似た働き。

□ **(I) get it.**「わかった」＝ **I understand.** ／ **I see.**

□ **if you like.**　「もしお望みなら」

□ **I'd appreciate that.**　「そうしてもらえるとありがたいです」

□ **Maybe next time.**　「できたらまた今度ね」

★誘いを断ったあとに使う。

□ **if you don't mind**　「もしよろしければ」

★直訳すると「もしいやでなければ」

□ **to tell the truth** ／ **to be honest**　「はっきり言うと／率直に言うと」

例　**To tell the truth**, I found it a bit boring.
「はっきり言って，ちょっとたいくつだった」

□ **How come ...?**　「なぜ」

★ Why の意味のくだけた表現。…の部分は疑問文の形にしない。

例　**How come** you said it? = **Why** did you say it?

☐ **Why on earth?**　　**「いったいなぜ」**

★ why, what などの疑問詞のあとに on earth をつけると疑問を強調する。

☐ **What for?**　　**「なぜ／何のために」**

★ **What** did you come here **for?**「なぜ来たの」のような文の途中を略したもの。

☐ **How do you know?**　　**「どうして知ってるの」**

☐ **Exactly.**　　**「そのとおり」**

★ **Definitely.** や **Absolutely.** も同じくあいづちをうつのに使われる。

☐ **You said it!**　　**「まったくそのとおり！」**

★強い同意を表す。

☐ **Oh, my!**　　**「あら！／まあ！」**

★ **Oh, my God [goodness]!** などが省略されたもの。

☐ **Not really.**　　**「そうでもない」「いや, あんまり」**

★おだやかな否定の表現。

☐ **That's it.**　　**「①そのとおり　②それで全部だ」**

例　A：Anything else?　　「他にありますか」
　　B：**No, that's it.**　　「いいえ, それだけです」

☐ **You can't miss it.**　　**「見落とすはずがないよ（＝必ず見つかるよ）」**

★道案内をした後に, 相手を安心させるために言うせりふ。You'll never miss it. とも言う。

☐ **May I help you?**　　**「何にいたしましょう？／何かご用ですか」**

★店員・受付の人などが客に呼びかけるときのきまり文句。**What can I do (for you)?**「何かご用ですか」も同じような意味。

□ Come on!　**「①さあ，早く！　②やめなさいよ」**

★人をうながしたり，たしなめたりする表現。「元気出して」,「まさか」などの意味でも使う。

★ **Come on in.** は「さあ，入ってください」の意味。

例　**Come on**, be quick!　「おい，早くしろよ」

□ Oh dear!　**「あら，まあ，おや」**

★驚きを表す。

□ Good for you!　**「よろしい，それはよかった」**

★相手の行為をほめて言う言葉。

□ Give me a break.　**「いいかげんにしてよ，ちょっと待ってよ」**

★相手の発言を信じられないときや，なにかをやめてほしいときに使う。

□ Go (right) ahead.　**「さあどうぞ」**

★許可をあたえたり，うながしたりする表現。right は強調の副詞。

□ It's on me.　**「私のおごりです」**

例　A：How much should I pay?「いくら払えばいいですか」
　　B：**It's on me.**　「おごりますよ」

□ I'm afraid not.　**「残念ながらそうではありません」**

例　A：Do you have an appointment?「予約されていますか」
　　B：No, **I'm afraid not.**　「いえ，すみませんがしていません」

□ Let's get started.　**「さあはじめよう」**

□ make it　**「成功する，たどり着く，間に合う」**

例　I guess you can't **make it** then.「じゃあ（パーティーには）来れないんだね」

□ have got A　**「A を持っている」**

★ have got は have「…を持っている」の口語的な言いかた。I've got, he's got のように短縮されることが多い。また have got to V は have to V と同じ。

例　**I've got** some water here in my bag.「バッグに少し水を持っている」

☐ **That reminds me.** 「それで思い出した」

★相手の発言などがきっかけで何かを思い出したときに使う。

例 **That reminds me**. I have to finish my homework.
「それで思い出した。宿題を仕上げないと」

☐ **No way!** 「とんでもない，絶対ありえない」

★強い拒否を表したり，信じられないという気持ちを表したりする。

☐ **Here we are.** 「さあ着いたよ」

★あとに at the station のように場所をつけることもある。

☐ **I'm with you.** 「君と同じ考えだ」

★ I agree (with you). と同じような意味。

☐ **Seriously?** 「本当？／まじで？」

★驚きを表す。Are you serious? と同じような意味。

地図問題の攻略

地図についての解説や指示を聞き取るのは，基本的な位置・方向・移動の表現さえ知っていれば別に難しいことではない。しかし普通の受験生には今までそういう学習をする機会があまりなかったかもしれない。そこで，センター試験をはじめとする様々な入試の地図問題から，頻出する語句を集めてみた。ここできちんとマスターしておこう。

《移動に関する表現例》

- □ **set off**　「出発する」= start, leave
- □ **go straight on**　「直進する」= go straight ahead
- □ **a little further on**　「もう少し進むと」
- □ **turn right [left]**　「右［左］に曲がる」= turn to the right [left]
- □ **walk along A**　「A に沿って歩く」
- □ **walk two blocks**　「２区画歩く」
- □ **pass A**　「A を通り過ぎる」= go past A
- □ **cross A**　「A を横切る／渡る」= go across A

《注意すべき語句》

- □ **block**　「区画」
- □ **crossing**　「交差点」= intersection, junction
- □ **crossroads**　「十字路」
- □ **nearby**　「近くに」
- □ **close to A**　「A のすぐ近くに」
- □ **be located (in/on/at A)**　「(A に) 位置する」
- □ **branch off (from A)**　「(A から) 分岐する」
- □ **fork**　「(道が) 二つに分かれる」
- □ **the (first) light**　「(最初の) 信号」

《図解》位置関係の頻出表現例

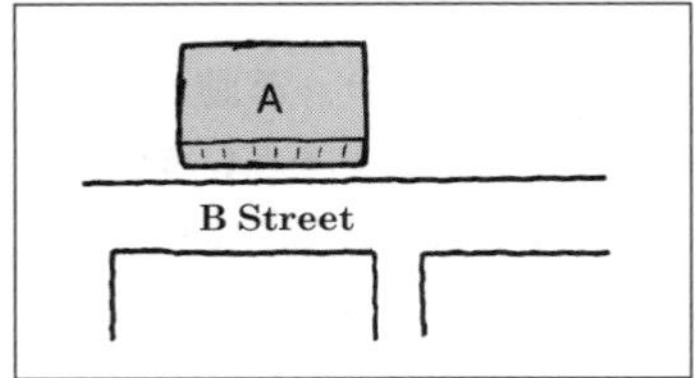

A is **on** B Street.
「A は B 通りに面している」

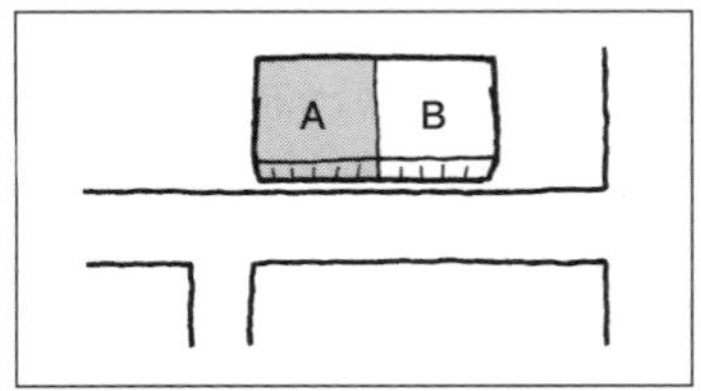

A is **next to** B.
「A は B の隣にある」

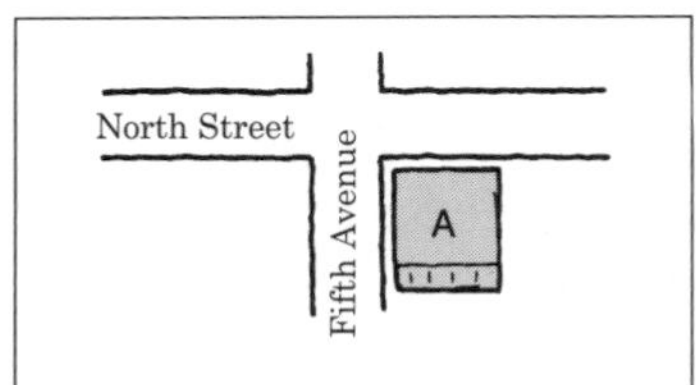

A is **on the corner of** North Street **and** Fifth Avenue.
「A はノースストリートとフィフスアベニューがまじわる角にある」
(※この場合四つの角のうち，どれが A かは不明である。)

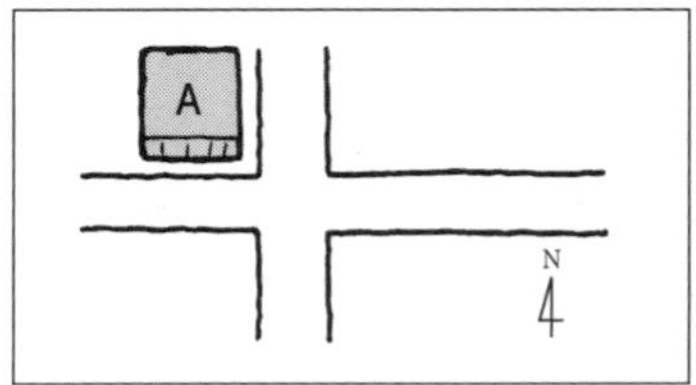

A is **on the northwest corner of** the intersection.
「A は交差点の北西の角にある」

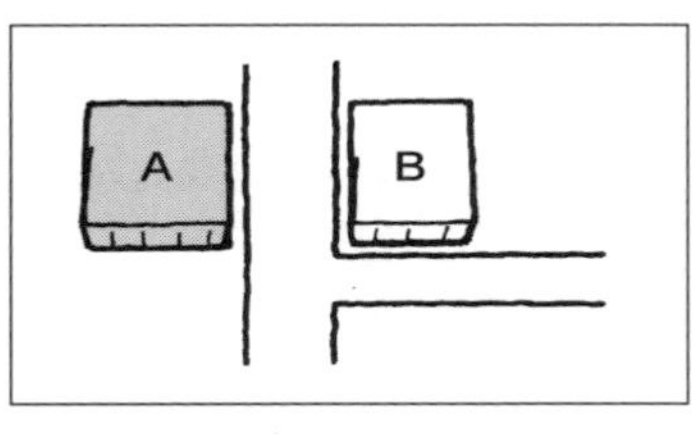

A **faces** B.「A は B の向かいにある」
= A is **across** (the street) **from** B.
= A is **opposite** B.
= A and B are **opposite each other**.

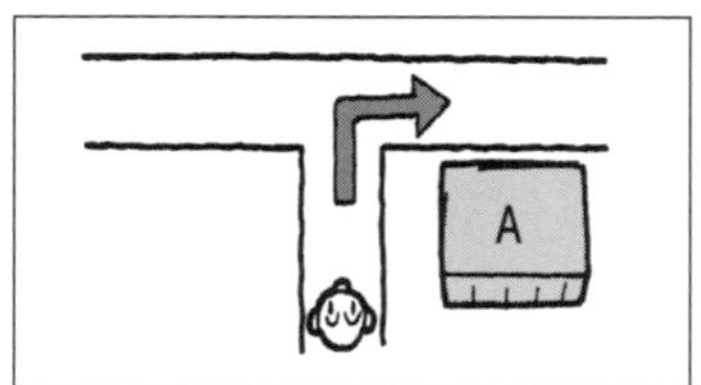

A is **around the corner**.
「A は曲がったところにある」

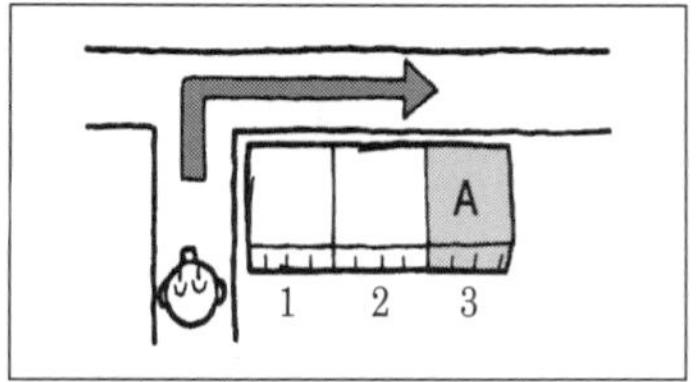

The **third** house **around** [from] **the corner** is A.
「角を曲がって３軒目が A だ」

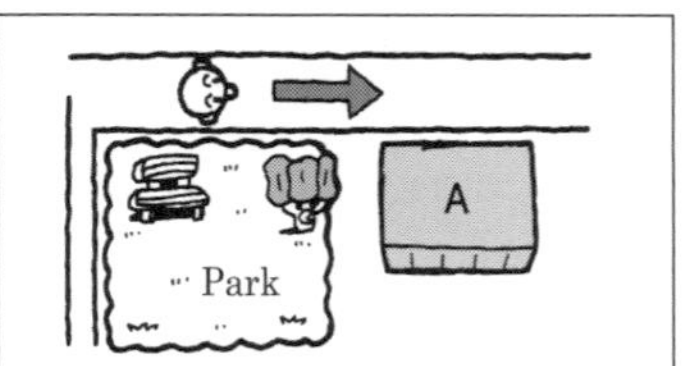

A is just **past** the park.
「A は公園を過ぎてすぐのところにある」

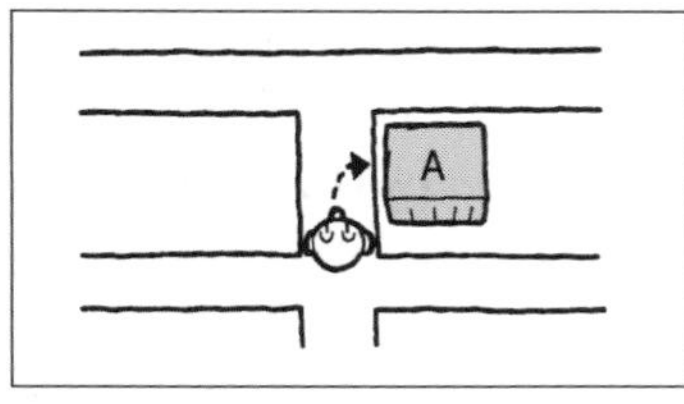

A is **on the right**.
「A は右手にある」
= A is on your right.

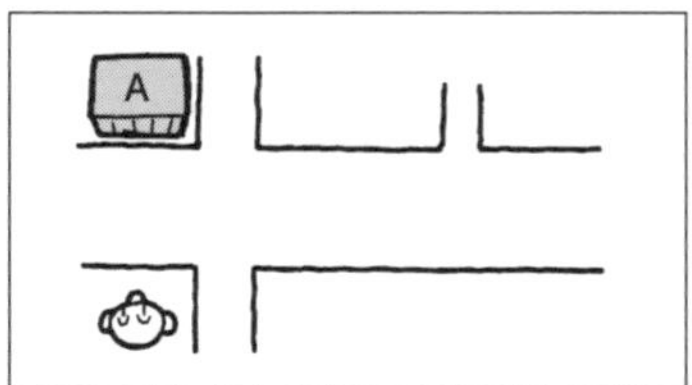

A is **on the other side of** the street.
「A は通りの向こう側にある」
= A is across the street.

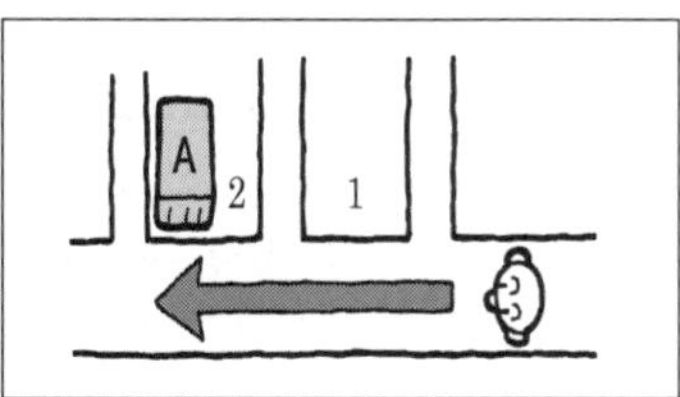

A is **two blocks** (away) **from** here.
「A はここから２区画先だ」
cf. Walk **two blocks from** here.
「ここから２区画歩きなさい」

《参考》平面上の位置関係を表す語句

		teacher		
Anne	Ben	Chris	Dennis	Eva
Fred	Gail	Harry	Ian	Jim
Ken	Lucy	Mac	Ned	Otto

There are three **rows** and five **columns** in the classroom.
「教室には，横に３列，縦に５列の席がある」

Anne is seated **in the upper most left** seat.
「アンは一番前の左の席に座っている」

Otto is **at the lower right hand corner**.
「オットーは右後ろの角にいる」

Ned is seated **at the rear of** the classroom.
「ネッドは教室の後ろの方に座っている」

Harry is seated **in the second row**.
「ハリーは前から２列目に座っている」

Dennis is **right in front of** Ian.
「デニスはイアンのすぐ前にいる」

Jim is **immediately behind** Eva.
「ジムはエヴァのすぐ後ろにいる」

Lucy and Mac are seated **side by side**.
「ルーシーとマックは隣に座っている」

Ken is seated **two desks behind** Anne.
「ケンはアンの２つ後ろの机に座っている」

Ben is seated **on Anne's right (side)**.
「ベンはアンの右に座っている」

Chris is seated **to the right of** Anne.
「クリスはアンの右の方に座っている」

MEMO

短期攻略　大学入学共通テスト
英語リスニング　改訂版

編　著　者　刀　祢　雅　彦
発　行　者　山　﨑　良　子
印刷・製本　日経印刷株式会社

発　行　所　駿台文庫株式会社
〒101-0062　東京都千代田区神田駿河台1-7-4
小畑ビル内
TEL. 編集　03(5259)3302
販売　03(5259)3301
《改訂版③－260pp.》

ISBN978-4-7961-2380-8　Printed in Japan

駿台文庫 Web サイト
https://www.sundaibunko.jp